知识产权与技术转移问题及对策研究

朱迎新◎著

文化发展出版社
Cultural Development Press
·北京·

图书在版编目（CIP）数据

知识产权与技术转移问题及对策研究 / 朱迎新著．北京 ：文化发展出版社，2024．7．-- ISBN 978-7-5142-4377-2

Ⅰ．D913.404；F113.2

中国国家版本馆 CIP 数据核字第 202405DH74 号

知识产权与技术转移问题及对策研究

朱迎新　著

出 版 人：宋　娜

责任编辑：袁兆英　　　　责任校对：岳智勇

责任印制：邓辉明　　　　封面设计：守正文化

出版发行：文化发展出版社（北京市翠微路 2 号 邮编：100036）

网　　址：www.wenhuafazhan.com

经　　销：全国新华书店

印　　刷：天津和萱印刷有限公司

开　　本：710mm × 1000mm　1/16

字　　数：200 千字

印　　张：10.75

版　　次：2025 年 1 月第 1 版

印　　次：2025 年 1 月第 1 次印刷

定　　价：72.00 元

I S B N：978-7-5142-4377-2

前　言

随着经济全球化进程的加快，知识产权与技术转移在国际交流与合作中扮演着越来越重要的角色。在我国，科技创新被视为国家发展的重要驱动力，而知识产权与技术转移则是科技创新的关键环节。知识产权保护和技术转移在推动创新和经济发展中扮演着至关重要的角色，二者缺一不可。然而，知识产权保护与技术转移过程中仍然存在诸多问题，制约了科技资源的优化配置和创新成果的转化应用。因此，深入研究知识产权与技术转移问题及对策，对于推动我国科技事业的发展具有重要意义。

本书旨在通过深入剖析知识产权与技术转移问题，提出有针对性的对策和建议，为我国知识产权与技术转移工作提供有益的借鉴和启示。希望通过本书的研究，增强读者的知识产权保护意识，促进技术转移与创新，为我国科技事业的发展贡献力量。

本书第一章为知识产权发展概况，主要内容包括知识产权发展历程，知识产权发展现状，知识产权发展环境，知识产权发展实践。第二章为技术转移概论，主要内容包括技术转移概述，科技成果的转化，技术转移工作现状。第三章关注知识产权的权利限制与冲突，主要内容为知识产权权利限制概述，知识产权的权利冲突分析，知识产权内部权利的限制，知识产权外部的竞争法限制。第四章探讨技术转移面临的新困境，主要内容为新气候体制下技术转移面临的挑战，知识产权保护制度对低碳技术转移的实质影响，技术跨国转移的限制因素，高校技术转移绩效的持续低迷。第五章为知识产权与技术转移问题的解决对策，主要内容为生态化发展知识产权限制制度，解决知识产权权利冲突的方法，构建和完善低碳路径下的知识产权制度，各国完善技术转移方面的政策，完善高校技术转移绩效的政策。

在撰写本书的过程中，笔者参考了大量的学术文献，得到了许多专家学者的帮助，在此表示真诚感谢。本书内容系统全面，论述条理清晰、深入浅出，但由于笔者水平有限，书中难免有疏漏之处，希望广大同行及时指正。

朱迎新

2023 年 11 月

目录

第一章 知识产权发展概况

知识是人类社会文明发展的结晶。知识管理中的知识产权保护与运营管理，是有效促进人类经济社会发展和科技进步的重要环节。高等学校是知识产权与科技成果产生的重要源泉之一。如何有效地提升我国高等学校的知识产权与科技成果的产生、管理、转化与运营的水平，对于知识产权管理工作具有重要的战略意义和实践价值，这也是本书探索和研究的主要目的。

21 世纪是知识经济迅猛发展的时代。在这个技术创新、知识创新高速发展的时代进程中，保护知识产权已经变得尤为重要。知识产权影响着全球的经济、科技和贸易，引起了前所未有的广泛关注。《与贸易有关的知识产权协议》(TRIPS) 是 1994 年签署的世界贸易组织协定，是乌拉圭回合谈判的重要阶段性成果。这一协议加速了知识产权保护在全球范围内的国际化进程。在经济、技术全球化快速发展的今天，国际技术转移与技术扩散作为各国技术进步的重要外部路径，对于技术创新能力薄弱的发展中国家和地区显得尤为重要。

国际技术转移与技术扩散是跨国公司最基本的经济行为。跨国公司在进行全球投资时会对某种形式的技术转移进行重点的考量。鉴于技术资源已经成为跨国公司最突出的竞争优势，这些跨国公司在拓展海外业务时，会频繁地进行技术转移和技术扩散。尽管在这一过程中，跨国公司会不可避免地受到技术溢出效应，即外部性——溢出效应的影响。作为全球尖端技术的主要创新者和提供者，跨国公司通过直接对外投资促进了技术的转移和传播。这种技术转移交易将会为东道国带来积极的经济效益，即技术溢出。作为一种外在性的特定情况，技术溢出发生在经济活动之外，其收益获得者也并非产品用户，也就是说，技术溢出对经济活动的影响是外在的，对社会制造了外部经济效果。

事实上，包括知识产权保护制度在内的众多东道国政策取向，和技术转移与技术扩散过程中的溢出效应息息相关。所以，研究知识产权保护和模仿对跨国公司技术转移与技术扩散的影响，分析跨国公司最优技术转移方式，进而考察知识产权保护、技术转移与技术扩散对东道国福利的影响，是一个全球日益广泛关注的问题。

自20世纪80年代起，以信息技术、通信技术、生物医药、新能源和新材料为代表的高科技产业已成为全球制造业迅速发展的重要推动力。该产业在各国国民经济中所占比例逐渐扩大，并在许多工业现代化国家成为产业研发的流行趋势。从经费的投入水平来看，工业现代化国家成为技术的领跑者；从执行部门来看，现代化企业，特别是跨国公司已成为研发投入活动的主体。与此同时，许多发展中国家也越来越重视科学技术投资，并开始实行各种各样的扶持政策和措施，以推动企业的技术创新。它们还出台了各种优惠政策，以鼓励跨国公司进驻本地市场，并期望能够从这些公司中获得最先进的科学技术。越来越多的企业提高了研发能力和引进前沿技术的能力，进行了后发创新、模仿创新，逐步发展成了技术创新企业。

随着技术与经济的发展，以及产业研发投入的增加，知识产权在规范企业技术竞争和利润分配方面扮演着至关重要的角色。因此，在经济领域中，知识产权发挥着越来越重要的作用。

在2015年8月30日，全国人大常务委员会颁布实施了重新修订的《中华人民共和国促进科技成果转化法》，该法提出了要不断强化和提高科技成果转化活动水平，这可以更加有效地促进创新驱动发展战略实施，促进科技与经济的结合，有利于提高经济效益。在创新技术的过程中，科技成果与知识产权转化是至关重要的一环，它能够将新技术、新发明变为实际产值，在市场上产生经济价值，推动科技进步，助力经济发展。

高校在促进产业升级和技术创新方面有着不可或缺的作用。这是因为高校是知识产权和科技成果转化的主要推动者，能够利用其拥有的知识资源优势，培养具备各种素质和技能的未来创新人才。高校的身份具有多元化的特征，既具有传统学术组织机构的使命和责任感，又具备产业界水平的知识汇聚和转移能力。

2016年4月21日，国务院办公厅颁布了《促进科技成果转移转化行动方案》，进一步提出了支持我国高等学校和科研院所开展科技成果转移转化的举措。高校和科研机构应将科技成果进行分类，并积极促进知识产权的保护，推动科技成果与企业间的相互融合、互利合作。为了能够实现科技成果的市场价值，高校和科研机构应积极采取多种方式，如研发合作、技术转让、技术许可、作价投资等。重视并鼓励有条件的高校和科研机构建立独立的科技成果转移转化组织机构，以统一管理科技成果转移及知识产权事务，不断提高市场营销和管理方面的能力。

为促进知识产权和科技成果的转移转化，在经过筛选的高校和科研院所中试点探索知识产权与科技成果转移转化的有效机制与模式，健全职务知识产权与科技成果披露与管理制度，完善技术经理人市场化聘用制，建设一批运营机制完善且针对性强、专业人才集聚、具有国际影响力的国家技术转移组织机构。

遵守《国家知识产权战略纲要》等规范性文件的要求，许多高校通过实践，成立了专门的机构，负责研究和管理知识产权，以便更加高效地整合和利用知识产权资源。

然而，推动高校研究成果转化是一个涉及多种主体、多方利益相关者参与的系统性复杂工作，涉及政府、知识产权投资方和研究人员等不同利益相关者，知识产权的运营管理确实存在一定难度和风险。

在高等学校研究成果转化的实践工作中，北京大学作为领头羊先一步创办了国际知识产权研究中心，江苏大学随后建立了知识产权研究基地，中国人民大学也随后设立了知识产权学院，等等。国内这些高等学校内部设立的知识产权成果转化组织机构和队伍建设已经初见成效。随着经济社会的快速发展，在 2022 年，我国的"985 工程"高校已经申请了超过 30 万件专利。然而，在专利转让、申请权转移和实施许可方面的申请数量仍然较少，分别为 3 003 次、1 475 次和 2 924 次。

经过数据分析可以看出，我国的重点大学在专利产出方面相当活跃，但是专利的转化率非常低且总体质量较一般。这些事实明确地显示出，我国高校在知识产权和技术成果的营运管理领域还有很大的改进和发展空间。这与我国颁布的《国家知识产权战略纲要》所确定的战略目标和要求有较大差距。目前，我们正面临着重大的问题和挑战，即如何最大化地利用我国高等学校内部的科研平台，发掘科研应用潜力，建立深化高校知识产权运营管理的模式。

第一节　知识产权发展历程

一、全球知识产权发展历程

（一）萌芽阶段

13 世纪至 14 世纪这一时期，出现了世界上第一个拥有专利权的物品：布。

由于当时英国制造业中的服装业相当发达，为了能够更好地占据市场，英格兰国王亨利三世于 1236 年给了波尔市 15 年期限的垄断权，即只许波尔市制作色布、染布，不许其他人再制作同样的色布、染布。

这篇由国王亲自签署的文书，属于封建时期的特权。在知识产权的历史上，也被视为第一个专利。直到 1617 年，英国将专利核准一事由王室办理转移为政府部门和法院办理，专利制度才慢慢摆脱“特权”的属性。

（二）初创和普遍建立阶段

值得注意的是，英国虽然诞生了第一个专利，但颁布世界上第一部专利法的国家却是威尼斯共和国。

1474 年 3 月 19 日，威尼斯共和国颁布了世界上第一部专利法——《威尼斯专利法》。

该法规定：权利人对其发明享有 10 年的垄断权，任何人未经同意不得仿造与受保护的发明相同的设施，否则将赔偿百枚金币，并销毁全部仿造设施。

这部法律确立了专利制度的基本原则，其影响延续至今。相比之下，著作权和商标的起步就晚了不少。

1709 年，英国颁布了《安娜女王法》，率先实行对作者权利的保护。这部法律为现代著作权制度奠定了基石。18 世纪末，美国依照《安娜女王法》的模式，制定了《联邦著作权法》，完善了对著作权的保护。

商标第一次在法律中出现，当属 1803 年法国的《关于工厂、制造场和作坊的法律》，其中，确认了假冒商标按私造文书处罚，确立了对商标权的法律保护。

在 17 世纪的中期，法国一位著名的学者卡普佐夫（Carpzov），首次提出“知识产权”这一名词，并赋予了其深刻的含义。国内也有学者翻译成“精神财产权”“智慧所有权”等。随后，比利时的著名法学家皮卡第（Picardy）对知识产权的概念和内涵进行了进一步丰富和诠释，他将知识产权定义为人类全部知识活动带来的权利，使得知识产权的相关内涵和制度不断丰富和完善。

1857 年法国又颁布了《关于以使用原则和不审查原则为内容的制造标记和商标的法律》，这是最早的一部商标法。随后欧美等国家相继制定了商标法，商标保护制度逐步发展起来。

（三）进一步发展阶段

19 世纪末至 20 世纪末，知识产权在这一阶段飞速发展，各个国家都在制定、完善相关法律法规。

一方面，先发资本主义国家的知识产权制度在原有基础上通过不断修订变得更加完善、科学，国际知识产权制度建立，各国知识产权制度呈现从“各自为政”“各行其是”到逐步国际化、现代化的特点。

其中的代表为1883年的《保护工业产权巴黎公约》（简称《巴黎公约》）和1886年的《保护文学和艺术作品伯尔尼公约》（简称《伯尔尼公约》）。

另一方面，知识产权法律制度在资本主义国家外的更多国家得到实施。20世纪后期，社会主义国家开始重视知识产权保护制度。俄罗斯和东欧国家也都制定了自己的专利法、商标法、版权法等。

在1893年，由《巴黎公约》和《伯尔尼公约》成员国组成的两个国际组织机构进行了机构重组，成立了最早的世界知识产权保护组织机构——保护知识产权联合国际局。保护知识产权联合国际局针对全球范围内公约签署成员国家的各种形式知识产权的权利，进行了全面的保护和维护。随着时代的变迁和社会的快速发展，知识产权保护的重要性不断增强，这一国际性组织机构也在不断地完善和变化，以适应时代对知识产权保护的要求与挑战。

在1967年，保护知识产权联合国际局的51个成员国经过协商和探讨，一致通过了世界知识产权组织机构建立的决议。世界知识产权组织机构的成立，对于加强不同国家和地区之间知识产权问题的解决和知识产权权益的保护具有重要历史意义，也有利于推动和促进不同国家和地区之间各种类型的知识产权组织机构进行沟通、交流和合作，以及共同保护知识产权的权益等工作。

在1970年，《建立世界知识产权组织公约》正式施行。在通过不断地组织机构和行政管理改革之后，形成了目前的组织机构：世界知识产权组织（WIPO）。世界知识产权组织的主要任务是通过利用知识产权（专利、版权、商标、外观设计等）手段，进一步促进和保护知识的创新和创造，并负责不同国家和地区之间的知识产权开发、利用、保护和合作，处理相关知识产权法律和行政事务等工作，保障各个国家和地区的知识产权与相关权益。

世界知识产权组织成立之初设定的战略目标是，形成兼顾不同国家和地区基本知识产权利益的国际合作框架和交流关系，提供全球知识产权服务和知识产权的信息资料，促进知识产权保护快速、健康、持续地发展，完善全球知识产权保护的基础设施建设，处理知识产权国际问题和纠纷，全力支持全球知识产权健康、快速发展和建设工作的开展。

在1974年，世界知识产权组织正式成为联合国下辖的组织机构，对全球知识产权相关的事务进行管理指导工作。1996年，世界知识产权组织与世界贸易组织达成了重要的合作协议，合作协议提出：在国际交流和国际贸易过程中，世界各国要进一步强化知识产权保护的意识，发挥知识产权保护的作用，为国际流通贸易和科学技术的发展提供重要的保障。

（四）知识产权制度与贸易挂钩阶段

20世纪末至今，随着科技的发展，国际贸易中商品知识和技术的含量增加，各国尤其是发达国家为了取得和保持市场优势地位，开始重视国际贸易中的知识产权保护问题。

一些国家不仅注意本国知识产权立法和提高执法水平，同时还设法利用国内立法以及签订或修改国际公约和条约来促使其他国家提高知识产权保护水平。

这一阶段最引人注目的发展是以美国为首的发达国家极力推动订立的《关税与贸易总协定》体系内的《与贸易有关的知识产权协议》。

《与贸易有关的知识产权协议》的诞生，不但进一步扩大了知识产权保护对象的范围，还提出了世界贸易组织成员必须达到的最低保护要求，这在相当大的程度上使得原来差异较大的各国知识产权制度统一到了同一个最低保护标准上，它对今后世界知识产权制度乃至各国经济贸易关系的进一步发展产生了极其深刻的影响。

二、中国知识产权发展历程

1950年，中华人民共和国的建设刚刚起步，各方面基础设施、法律法规、政策制度管理等还都处于待建的状态，国内的各个地区发展任务非常繁重，国际环境也比较恶劣。为了更好地促进社会发展和科技进步，我国政府仍然颁布出台了《保障发明权与专利权暂行条例》和《商标注册暂行条例》等相关的知识产权保护文件和法律法规，明确地提出了加强发明专利和商标权利的保护。这是中国在知识产权保护方面做出的早期探索和实践，为后续我国知识产权保护法律法规与政策文件的制定和完善，提供了坚实的基础。

1980年，中国专利局正式宣布成立。1982年，第五届全国人民代表大会讨论并通过了法律文件——《中华人民共和国商标法》（简称《商标法》），这一法律文件的正式颁布和实施，标志着我国正式开启了知识产权保护的立法工作，也表明我国知识产权保护法治建设工作的正式开展，因此，《中华人民共和国商标法》的制定，在我国知识产权保护的发展历程中，具有里程碑意义。

1984年，改革开放进一步推进。为了引进国外先进的科学技术和知识成果，加快我国自身经济社会的快速发展，邓小平对知识产权保护工作及时提出了“专利法以早通过为好”的战略部署，进一步为我国知识产权保护的相关法律法规与政策制度的制定和完善指明了方向，奠定了保护与发展专利等知识产权的重要基础。此后，第六届全国人民代表大会正式审议通过了《中华人民共和国专利法》(简称《专利法》)。随后，该法的全面实施和开展，进一步促进了我国国家知识产权保护体系的建设和完善。

有了知识产权保护的相关法律法规与政策的支持和保障，作为知识产权发展根基的制度体系建设也在持续地完善与发展。1978 年改革开放以来，我国陆续加入了各种国际知识产权保护的公约组织，在提升自身经济实力和科技水平的同时，也快速实现了与国际知识产权保护组织机构的接轨，加强了与国际相关组织机构的交流和合作，为我国知识产权保护与运营管理工作进一步健康、快速地发展，寻求契机和积累相关的经验。

1992 年，为了进一步加强全球知识产权保护与运营管理的交流与合作，我国相继与不同国家和地区，联合签署了关于知识产权保护的谅解备忘录。寻求与各个国家和地区在专利、商标和版权等多个领域的全面深化合作与交流。为了契合国际知识产权保护与运营管理发展的机遇，我国也对知识产权保护相关的法律法规等内容进行了全面的修订、补充和完善，进一步丰富和完善了我国国家层面的知识产权保护体系建设的内涵。

2000 年，为了满足世界贸易组织的《与贸易有关的知识产权协定》相关内容的要求，我国政府在充分结合中国国情的基础上，对知识产权保护的相关法律法规等文件进行了全面的修订和完善，进一步与全球知识产权保护接轨，实现知识产权国际化的快速发展。

当前，中国正积极参与世界知识产权维护与运营发展的建设，全面、密切地与不同国家、地区、组织机构之间开展全方位的交流与合作活动。国家知识产权法律法规的不断建设与完善，也为各个国家和地区的知识产权保护提供了相应的基本法律保障。

在完善知识产权保护法律法规建设的同时，中国的知识产权政策制度体系和组织机构的建设，也在寻求不断地发展与提升。1998 年 3 月，中国国家知识产权局正式挂牌成立，这是中国知识产权保护事业发展迈向新阶段的重要里程碑，对国家层面的知识产权保护与运营管理和建设具有重要的战略意义。

2008 年 6 月，《国家知识产权战略纲要》的颁布与实施标志着我国正式将知识产权保护工作上升为国家战略。《国家知识产权战略纲要》对中国知识产权保护工作的发展方向和工作重心进行了详细的诠释和部署，对增强国家知识产权的创新创造、运用、保护和运营管理等的基础能力建设具有重要战略意义。

同时，《国家知识产权战略纲要》的颁布与实施，对高等学校知识产权保护工作的社会环境、思想意识、政策制度、保护管理、文化建设等方面内容，均提出了完整的指导性意见和建议，以期实现知识产权保护工作全面协调地快速发展。随后，国家相关管理部门都陆续地建立了配套的战略纲要实施联席会议制度并成立了领导小组，全面协调各级政府和有关组织机构落实战略纲要的执行和实施，持续构建、营造和优化知识产权保护的宏观发展环境。

2014 年，《深入实施国家知识产权战略行动计划（2014—2020 年）》在国务院常务会议上正式通过，该文件是深入贯彻落实《国家知识产权战略纲要》的重要文件。国家知识产权战略行动计划主要以建设知识产权强国为核心目标，从知识产权运用和保护层面，全面开展知识产权保护工作的安排与部署，通过整体协调国家资源，全面解决问题，克服工作开展过程中的种种困难，全面增强和提升知识产权保护的综合管理能力，为我国的高质量经济发展保驾护航。

随后，在 2015 年 12 月，《国务院关于新形势下加快知识产权强国建设的若干意见》颁布实施。在 2016 年 7 月，国务院又发布了关于知识产权保护与发展重点任务以及分工方案。提出了以管理体制改革为重点工作内容，完善相关知识产权的保护措施，加强知识产权的创造、保护与运用，合理布局海外的知识产权运营管理组织机构，增强与各国和地区、组织机构的合作交流能力，将知识产权保护与发展工作上升到国际战略的层面。

2017 年 4 月，我国的最高人民法院也制定并颁布了《中国知识产权司法保护纲要（2016—2020)》。这一法规的颁布和实施，对适应我国经济与时代发展，满足我国经济、社会与技术发展形势的需要，具有重要战略意义。该法规是我国知识产权司法保护的具有重要里程碑性的法规，进一步丰富和完善了我国的知识产权司法保护体系。

在创新驱动发展战略，实施“创新、协调、绿色、开放、共享”的经济与社会发展新理念，以及全球新一轮科技革命和产业变革的国内和国际环境影响下，知识产权保护工作越来越成为国际竞争力提升的核心因素，因而制定《中国知识产权司法保护纲要（2016—2020)》，为国家战略层面提供有效、全面的司法保护起到了至关重要的作用。

2022 年，中共中央办公厅、国务院办公厅印发的《关于强化知识产权保护的意见》中表明政府应在知识产权严格保护、同等保护方面持续发力，不断强化制度约束、加强社会监督共治、优化协作衔接机制等。

根据上面的分析与论述，总结和归纳中国知识产权保护工作的发展历程中重要的里程碑和标志性的法律法规以及相关的政策制度文件，如表 1-1-1 所示。

表 1-1-1　中国知识产权发展历程中的里程碑政策文件

时间	政策文件	核心要点
1950 年	《保障发明权与专利权暂行条例》和《商标注册暂行条例》	知识产权保护方面的初步探索和实践
1982 年	《中华人民共和国商标法》	开创知识产权立法的先河
1984 年	《中华人民共和国专利法》	保护发明创造的专利权
2008 年	《国家知识产权战略纲要》	正式将知识产权上升到国家战略层面
2014 年	《深入实施国家知识产权战略行动计划（2014—2020 年）》	知识产权战略实施的指导性文件
2015 年	《关于新形势下加快知识产权强国建设的若干意见》	知识产权强国建设重点任务分工
2017 年	《中国知识产权司法保护纲要（2016—2020）》	知识产权司法保护的重要改革
2019 年	《关于强化知识产权保护的意见》	明确知识产权保护的发展方向
2022 年	《关于强化知识产权保护的意见》	强化知识产权全链条保护

第二节　知识产权发展现状

一、全球知识产权发展现状

随着全球知识经济时代的到来，知识产权的作用日益显著，知识产权的保护已经被世界各国和地区作为国家战略发展政策的核心内容之一，上升到国家战略的层面，知识产权的保护也被给予更多的关注。2023 年 11 月，世界知识产权组织公布了《世界知识产权指标 2023》，报告着重分析和总结了世界各国和地区的专利、商标、工业品的外观设计、植物品种、地理标志、出版行业等基本情况。

《世界知识产权指标 2023》指出：

“全球创新者在2022年共提交了346万件专利申请，连续第三年实现增长。中美日韩德是2022年专利申请量最高的国家。大部分知识产权申请活动发生在亚洲，并且来自各个来源地，延续了长期以来的趋势。2022年，亚洲在全球专利、商标和工业品外观设计申请活动中分别占67.9%、67.8%和70.3%。中国的创新者提交全球近一半的专利申请，但其增长率由2021年的6.8%下降至2022年的3.1%。2022年，印度居民的专利申请增长了31.6%，已连续11年保持增长。2022年，中国和印度居民的专利申请量大幅攀升，是2022年全球增长的主要推动力。中国申请人共提交了约158万件专利申请，其后依次是美国（505 539件）、日本（405 361件）、韩国（272 315件）和德国（155 896件）。相比2021年，中国（+3.1%）、韩国（+1.9%）和美国（+1.1%）有所增长，而德国（–4.8%）和日本（–1.6%）有所下降。

在排名前20位的知识产权局中，大部分（有13个国家）在2022年受理的专利申请数量超过了2021年，增幅最大的是印度（+31.6%）。瑞士（+6.1%）、中国（+3.1%）、奥地利（+2.5%）和英国（+2.5%）也出现了强劲增长。居民申请量的大幅增长是中国和印度总体增长的主要驱动力，而国外居民申请量的强劲增长则是推动奥地利、瑞士和英国总体增长的原因。

2021年，在全球已公布专利申请中最常见的技术领域是计算机，占全球总量的11.1%。其后依次是电气机械（6.4%）、测量（5.8%）、医疗技术（5.2%）和数字通信（4.9%）。在排名前15位的技术领域中，化学工程（+11.4%）、计算机（+11%）和信息技术管理方法（+13.7%）是2011年至2021年实现两位数增长的三个领域。”①

《世界知识产权指标2023年度报告》指出：

“2022年，全球约有1 180万件商标申请，涵盖了1 550万个类别。申请中指定的类别在2022年减少了14.5%，这是自2009年以来申请类别首次出现减少的情况。尽管受到大流行病的影响，但商标申请的长期趋势依然良好。全球152个知识产权局约有8 250万件有效商标注册，比2021年增长9.4%；其中，中国再次居首位，约为4 270万件，其后依次是美国（310万件）和印度（290万件）。商标申请活动量最高的是中国申请人，国内外申请类别总量约为770万件；其后依次是美国（945 571件）、土耳其（482 567件）、德国（479 334件）和印度（467 918件）。

① 中国科学院知识产权信息.WIPO发布《世界知识产权指标2023》[R/OL].(2023-11-07)[2023-11-10].https://www.beijingip.cn/jopm_ww/websiteArticle/detailArticle.do?id=401fe2c2890686ce018bcc967b2b0bf1.

2022 年，全球商标申请量的下降主要是由于排名前 20 的来源地中有 14 个国家的商标申请量下降，其中许多国家的降幅超过 10%。前五大来源地中，中国（21%）、德国（14.2%）和美国（8.9%）的申请量出现了大幅下降。与排名前 20 的来源地中大多数国家商标申请量下降形成鲜明对比的是，有 6 个国家的商标申请量有所增长。

其中，三个国家的申请量在 2022 年实现了两位数增长，分别为俄罗斯（+11.8%）、土耳其（+13.2%）和印度尼西亚（+16.3%）。其中，印度尼西亚和俄罗斯申请的高增长率是由于国内申请量的大幅增长，抵消了国外申请量的大幅下降。土耳其国内和国外申请量增长比例相近，与土耳其类似，巴西、印度和越南国内和国外申请量的增长推动了居民申请量的总体增长。

亚洲在全球商标申请量中占主导地位，占商标申请总量的 67.8%，相比 2012 年的 47.7%大幅增长。2022 年，欧洲占比 16.2%，其后依次是拉丁美洲和加勒比地区（6.8%）、北美（5.9%）、非洲（1.8%）和大洋洲（1.3%）。

2022 年，国外商标保护最多的领域主要是研究和技术，占全球非居民商标申请量的 22%。其后依次是卫生（13%）、服装及配饰（11.9%）、休闲和教育（10.9%）、商业服务（10.5%）、农业（9%）和家用设备（8%）。相比之下，与化学（3.1%）、建筑（5.5%）和交通运输（6.2%）相关的行业在国外申请中所占份额最少。”①

《世界知识产权指标 2023 年度报告》指出：

“2022 年，全球工业品外观设计申请量约为 110 万件，其中包含约 150 万项外观设计，比 2021 年减少了 2.1%。2022 年，全球共有约 580 万项有效工业品外观设计注册，比 2021 年增长了 8.8%。中国的有效注册数量增长了 9.7%，约 280 万项，占 2022 年全球总量的近一半（49%），其后依次是韩国（406 009 项）、美国（389 540 项）、欧盟（296 912 项）和日本（270 073 项）。2022 年，中国申请人以 841 164 项外观设计申请成为全球最活跃的国家。其后依次是土耳其（80 559 项）、德国（70 346 项）、美国（67 349 项）和韩国（62 014 项）。这五大国家共占全球活动量的四分之三（75.6%），主要受中国申请量快速增长的推动，前五大来源地的合计份额在过去十年中增长了 4.6%。

在排名前 20 位的知识产权局中，只有 5 个国家的外观设计在 2022 年有所

① 中国科学院知识产权信息 .WIPO 发布《世界知识产权指标 2023》[R/OL]. (2023-11-07)[2023-11-10].https://www.beijingip.cn/jopm_ww/websiteArticle/detailArticle.do?id=401fe2c2890686ce018bcc967b2b0bf1.

增长。土耳其（+31.4%）的增长最为迅猛，其后依次是巴西（+11.3%）、印度（+9.5%）、意大利（+7.1%）和瑞士（+3.6%）。

2022 年，亚洲外观设计申请量占全球申请总量的 70.3%，其后依次是欧洲（22.4%）和北美（4.4%）。非洲、拉丁美洲和加勒比以及大洋洲的合计份额为 2.9%，低于十年前的 3.4%。2012 至 2022 年，北美（+5.5%）和亚洲（+2.1%）是外观设计平均增幅最大的两个地区。

2022 年，外观设计申请中占比最大的领域是家具和家居用品（17.2%）、纺织品和配件（15.6%）、工具和机械（12.4%）以及电力和照明（9.1%）。”①

《世界知识产权指标 2023 年度报告》指出，在地理标志产品申请与批准的数量方面，来自 91 个国家和地区知识产权局的数据显示，2022 年，约有 58 400 个受保护的地理标志。2022 年，中国（9 571 个）是本国领土内有效地理标志最多的国家，其后依次是匈牙利（7 843 个）、德国（7 386 个）和捷克（6 383 个）。欧盟成员国排名较高的原因是，通过欧盟区域体系生效的 5 176 个地理标志在每个成员国都是有效的。与“葡萄酒和烈酒”（50.7%）有关的有效地理标志占 2022 年全球总量的一半，农产品和食品占 43.1%，手工艺品占 4.2%。②

2023 年，世界知识产权组织公布的《世界知识产权报告》显示，根据成百上千万份的专利和科学出版等记录分析可知，全球创新活动的合作与交流日益密切，国际化的合作水平日益提高，中国、德国、日本、英国、韩国和美国等国家和地区的 30 多个大型城市，占据了专利申请与批准数总量的 69%，以及科学活动数量的 48%，这些国家和地区的合作和创新是世界知识产权发展的主力军。

21 世纪初，根据全球学术论文和专利数量的统计，有 64% 的学术论文成果是以科学家团队的形式完成的，有 54% 的专利申请和授权是由发明人团队完成的。2010 年后，学术论文和专利的申请和授权数量，由科研团队完成的比例分别增加到了 88% 和 68%。由不同国家和地区的两名或两名以上科学研究人员，共同

① 中国科学院知识产权信息 .WIPO 发布《世界知识产权指标 2023》[R/OL].（2023-11-07）[2023-11-10].https://www.beijingip.cn/jopm_ww/websiteArticle/detailArticle.do?id=401fe2c2890686ce018bcc967b2b0bf1.

② 中国科学院知识产权信息 .WIPO 发布《世界知识产权指标 2023》[R/OL].（2023-11-07）[2023-11-10].https://www.beijingip.cn/jopm_ww/websiteArticle/detailArticle.do?id=401fe2c2890686ce018bcc967b2b0bf1.

开展的科学研究合作活动的比例，从 1998 年的 15% 增至 2017 年的 26%。①

全球汽车领域、农业生物技术领域的专利申请和授权数量迅速增长，私营企业和公共组织机构共同申请专利数量已超过私营企业之间合作专利数量，公私合营成为知识产权合作的重要类型。

二、中国知识产权发展现状

随着经济全球化的深入发展，知识产权逐渐成为国家综合实力的重要体现，知识产权保护与运营管理公司的业务数量和水平也发展迅速。自 1950 年以来，我国相继出台了相关知识产权保护的法律法规和政策文件，鼓励我国知识产权工作持续发展，取得了显著的成果。

从专利申请与批准的数据方面来看，“2018 年，国内专利申请数量达到 154.2 万件，与 2017 年相比，增长了 11.6%；专利授权数量达到 43.2 万件，同比增长 2.9%。国内实用新型专利数量达到 207.2 万件，专利授权数量合计为 147.9 万件，同比增长了 52.0%。国内外观设计专利申请数量达到 70.9 万件，专利授权数量合计为 53.6 万件，同比增长了 21.1%。2018 年，国内受理国际专利授权数量达到 5.5 万件，与 2017 年相比增长 9.0%。其中，5.2 万件来自国内，同比增长 9.3%。在商标申请与批准的数据方面，2018 年，国内的商标注册申请数量合计达到 737.1 万件，与去年相比增长 28.2%；商标注册数量合计达到 500.7 万件，同比增长 79.3%。2018 年，受理马德里商标国际注册数量合计为 6 903 件，与 2017 年相比增长 3.9%。2018 年，商标评审委员会受理案件达到 32.2 万件，与 2017 年相比增长 53.0%；结案合计 26.5 万件，同比增长 52.6%。在地理标志、集成电路布图设计申请与批准数据方面，2018 年，国内批准的保护地理标志产品达到 67 个，受理新注册的地理标志商标有 961 件，批准使用地理标志商标的企业合计 223 家。2018 年，集成电路布图设计申请与批准合计达到 4 431 件，与 2017 年相比增加 37.3%；发证 3 815 件，同比增长了 42.9%”。②

从以上的各类知识产权相关数据分析结果来看，我国知识产权保护和发展呈现出以下特征。

---

① 中国科学院知识产权信息 .WIPO 发布《世界知识产权指标 2023》[R/OL]. (2023-11-07)[2023-11-10].https://www.beijingip.cn/jopm_ww/websiteArticle/detailArticle.do?id=401fe2c2890686ce018bcc967b2b0bf1.

② 郭凯 . 高等学校知识产权和技术转移发展问题及对策研究[M]. 北京：光明日报出版社，2021.

“第一，中国知识产权保护、运营管理水平和信任度的国际地位不断提升。2018 年，国外在中国申请的专利数量合计达到 14.8 万件，比 2017 年增长了 9.1%。增长速度的不断加快，表明国际社会对中国知识产权保护的信任和满意度不断提高。同时，国外在中国商标申请数量合计达到 24.4 万件，比 2017 年增长了 16.5%，显示出我国知识产权保护的国际化水平不断提升。

“第二，中国企业技术创新的主体地位不断增强。2018 年，国内申请专利企业数量增加了 6 万家，对国家专利增长的贡献率高达 73.2%，五年以上专利申请企业数量占比高达 74%。这充分表明，国内企业已经逐步成为专利发明的主力军，对专利发明的贡献相对较大。

“第三，海外专利布局水平不断提高。据 WIPO 统计数据显示，2017 年，中国 PCT 国际专利申请数量合计 4.8 万多件，增速达到 21.3%。中国国际专利申请数量已经超过了日本，位列世界第二。马德里商标注册申请数量同比增长 3.9%，在马德里联盟的国内申请人数上，排名达到全球第三位。这充分表明，国内企业在国际专利申请方面的水平不断提高，我国知识产权国际化水平也在不断提升。

“第四，我国的发明专利水平正在逐渐提升。2018 年，国内专利授权平均权利要求项数为 8.3 项，同比增加了 0.3 项。到 2018 年底，国内的有效发明专利平均维持年限为 6.4 年，同比增加了 0.2 年，表明国内专利发展质量整体向持续持有和高质量发展推进。

“第五，国内服务类别商标比重稳步提升。2018 年，服务类国内商标注册达到 249.2 万件，同比增长约 35%，占总申请数量的比重，从 2013 年的 25.1% 增长至 33.8%，与我国的经济社会正在逐步向服务业主导型发展的趋势相适应，同时也反映了我国服务业正保持着稳定的增长趋势，有助于推动中国产业结构的升级和优化。”①

近年来，随着我国的《国家知识产权战略纲要》出台，中国知识产权保护与发展步伐越来越快，综合能力持续增强。《2022 年中国知识产权发展状况评价报告》的数据表明，2010 年以来，全国知识产权保护的综合发展指数逐步提升。

“2022 年的评价结果显示，我国知识产权强国建设取得明显成效。具体表现在我国的知识产权强国建设指数已经达到了 116.3，与 2021 年相比上涨了 16.3。知识产权制度建设、保护体系、市场运行机制、公共服务体系、人文社会环境、

① 谢准，邓仪友 .2022 年中国知识产权发展状况评价报告 [M]. 北京：国家知识产权局，2022.

参与全球知识产权治理等分项指数也分别达到了 112.4、119.3、114.8、117.5、121.3 和 114.1，这意味着我们国家在知识产权制度建设和保护机制上做得更好，市场运作效果更为突出，公共服务供给更为充足和便利，人文社会环境也得到了良好提升，与此同时还将余力用于广泛地参与全球知识产权治理。

“从地区发展评价来看，经济发达地区具有明显知识产权发展先行优势，广东、北京、江苏、上海、浙江、山东知识产权发展状况排在前六位。四大经济区域中，东部、中部、西部和东北地区知识产权发展指数平均得分依次为 85.36、80.68、77.10、78.75。东部地区平均水平分界线明显高于全国平均水平，平均得分及增幅也明显高于其他区域。重大战略区域中，粤港澳大湾区知识产权发展指数得分 90.41，较上年增长 2.86，区域知识产权发展速度最快；长江经济带知识产权发展指数平均得分为 83.39，较上年增长 2.00，知识产权综合发展成效显著；长三角区域知识产权发展指数平均得分为 87.23，较长江经济带平均得分高出 3.84，是长江经济带知识产权发展重要优势地区；京津冀地区知识产权发展指数平均得分为 84.31，较上年增长 1.32，知识产权运用效率方面成效突出；黄河流域知识产权发展指数平均得分为 78.77，较上年增长 1.50，知识产权发展环境建设取得明显进展。

“从国际比较来看，在 49 个样本国家中，2022 年中国知识产权发展国际比较指数得分 79.56，排名与上年持平，排在第 8 位。排在我国前面的国家依次分别为美国（89.79）、日本（86.35）、瑞士（82.89）、荷兰（82.59）、韩国（82.55）、法国（80.01）、德国（79.94）。中国知识产权发展环境指数、产出能力指数、市场价值指数排名分别为第 8、第 5、第 10，均进入世界前十。2022 年虽然中国国际比较指数排名较上年保持不变，但得分较上年参考得分增长 0.67。总体上，我国知识产权综合竞争力稳步提升，知识产权强国建设迈出坚实步伐。”①

第三节　知识产权发展环境

知识产权是创新型国家核心竞争力的重要组成部分，是国家经济社会发展的重要支撑。近年来，我国知识产权发展环境得到了显著改善，为知识产权的创新、保护、运用和管理提供了有力保障。以下从政策法规环境、创新环境、保护环境、

① 谢准，邓仪友 .2022 年中国知识产权发展状况评价报告[M]. 北京：国家知识产权局，2022.

运用环境、人才培养环境和国际环境等六个方面，详细介绍我国知识产权发展环境的现状和特点。

一、政策法规环境

我国政府高度重视知识产权工作，制定了一系列政策和法规，为知识产权发展提供政策支持。2008年，国务院颁布了《国家知识产权战略纲要》，明确了我国知识产权发展的战略目标和路径。此后，国家知识产权局等部门陆续出台了《关于加强知识产权审判领域改革创新若干问题的意见》《关于强化知识产权保护的意见》等一系列政策文件，对知识产权工作进行了具体部署。

此外，我国还积极参与国际知识产权合作，推动构建公平合理的国际知识产权秩序。我国是WIPO的重要成员，积极参与WIPO的各项活动，推动国际知识产权体系的完善。在国内，国家知识产权局与其他相关部门建立了协作机制，推进知识产权工作跨部门协同。

二、创新环境

我国知识产权创造能力显著提升，创新环境不断优化。近年来，越来越多的企业和科研机构注重创新和研发投入，形成了以企业为主体、市场为导向、产学研用紧密结合的创新体系。根据《2022年中国知识产权发展状况评价报告》，我国知识产权创造指数从2010年基期值100增至2022年的296.5，年均增速显著。

此外，我国知识产权质量不断提高，专利、商标、著作权等各类知识产权申请数量和质量均位居世界前列。在专利领域，我国已成为全球专利申请的重要来源地；在商标领域，我国商标注册申请量连续多年位居世界第一。这些成果充分体现了我国知识产权创新环境的优化和创造能力的提升。

三、保护环境

我国加大知识产权保护力度，构建了较为完善的知识产权保护体系。在法律保护方面，我国修订了《专利法》《商标法》《中华人民共和国著作权法》（简称《著作权法》）等法律法规，加大了对侵权行为的法律制裁力度。在行政保护方面，国家知识产权局、市场监管部门等相关单位积极开展知识产权执法维权行动，严厉打击侵权盗版行为。在司法保护方面，我国建立了专门的知识产权审判机构，提高知识产权审判的专业化和规范化水平。

此外，我国还推动知识产权保护国际合作，与国际社会共同打击侵权行为。通过参与国际知识产权组织，推动国际知识产权合作，加强与世界知识产权组织的合作，我国知识产权保护国际影响力不断提升。

四、运用环境

我国积极推进知识产权产业化、市场化运作，鼓励企业将知识产权转化为实际生产力。通过知识产权交易、许可、质押等方式，为企业融资、技术转移、创新发展提供支持。同时，我国知识产权运营服务体系逐步完善，助力知识产权价值的实现。

此外，我国积极探索知识产权与科技创新、经济发展相结合的新模式，如知识产权密集型产业、知识产权小镇等，推动知识产权与产业发展的深度融合。这些举措有利于进一步发挥知识产权对经济社会发展的支撑作用。

五、人才培养环境

我国大力培养知识产权人才，加强知识产权教育和培训，增强全社会知识产权意识。各级政府、企业、高校和科研机构加大知识产权人才培养力度，开展知识产权培训、竞赛、交流等活动，提高知识产权人才的综合素质。

此外，我国还引进海外高层次人才，推动知识产权国际交流与合作，提升我国知识产权人才的国际竞争力。这些举措有助于构建完善的知识产权人才培养体系，为我国知识产权事业的发展提供人才支持。

六、国际环境

我国积极参与国际知识产权事务，推动构建公平合理的国际知识产权秩序。作为 WIPO 的重要成员，我国积极参与 WIPO 的各项活动，推动国际知识产权体系的完善。在国际层面，我国与国际社会共同应对知识产权的全球挑战，推动全球知识产权治理体系的改革和完善。

第四节　知识产权发展实践

在“中国式现代化”过程中，厘清知识产权制度现代化的“中国问题”，找到适合中国的解决方式，并积累实践经验，实现制度目标是中国知识产权保护工作的重中之重。为此，我们需要根据实际情况来制定解决方案，不能盲目效仿其他国家的做法，更不能仅依赖西方的理论工具进行分析。中国在知识产权制度的建设和推进方面做出了巨大努力，可以说，知识产权制度的建设是一项重大的社会创新实践。鉴于现实局势，我们应结合“中国式现代化”的优秀经验，遵循习近平法治思想和新发展理念，深入探讨和梳理知识产权制度的理论思路。

一、知识产权制度创新与知识创新

创新指的是人类在涉及生产力、生产关系和上层建筑的各个领域中开展有创意的活动。创新的概念被人们认为是对现代知识经济的全面、简明、综合的解释，体现了现代知识产权体系中最基本且最重要的价值。在当今以知识为主导的经济时代，知识产权制度独特的领先优势是它能够促进创新，从而带来巨大的价值。

特定的社会时代条件必然会对法律制度的价值导向产生影响。随着时代的发展，知识和信息的生产、分配和利用与经济和社会的进步紧密相连。创新已成为驱动时代发展的主要力量。当今时代，知识产权扮演着重要的角色，它不仅突显了制度创新的价值属性，还体现了知识创新的理念愿景。从制度经济学的角度来看，技术的进步和制度的变革可以被视为一种创新的过程。在创新体系构成中，制度的创新是其重要的保障，主要体现在法律创新、政策创新上；知识的创新则具有功能目标意义，涉及文化创新、科技创新、产业和产品创新。知识产权立法和政策制定是创新价值的体现，制度变革是规则创新和科技创新相互推动的过程。在现代社会中的知识产权制度的建设，能够展现该制度的时代先进性和社会进步性，即作用于与智力活动和精神生产相关的社会关系，确保对人们知识产权相关权益的保护，进而规范知识市场秩序，促进知识经济的进一步发展。

经过四十多年的改革开放，中国的经济发展方式已经发生了转变，我国不再单纯依赖资源或是资本，而是更加注重创新驱动。按照迈克尔·波特（Michael Porter）所提出的“地区经济发展阶段理论”，在一个国家处于经济落后和初级发达阶段时，经济增长的主要动力来自资本投入和基本生产要素；随着国家逐步进入更加先进的阶段，即注重创造力的时代，将创新成果转化为产权便成了推动经济增长的主要推动力。该理论中产权化创新的法律形式就是知识产权。根据 2011 年发布的世界知识产权组织报告《创新面貌的变化》，知识产权已成为创新型企业的重要战略核心。随着人们对知识产权的依赖度愈加深入，知识贸易市场的范围也不断拓展。目前，全球知识产权交易额的增长速度已经超过了全球生产总值的增长速度。知识产权的创新对于中国和全球的发展都至关重要。中国要成为世界强国，必须走创新发展之路，并以知识产权制度为基石。只有如此，才能实现从世界大国向世界强国的转变。党的二十大将“实施知识产权强国战略，必须坚持以习近平新时代中国特色社会主义思想为指导，全面贯彻党的二十大精神，为有力支撑社会主义现代化强国建设作出应有贡献”定为国家发展的重要战略。[①] 现代中国，知识产权扮演着至关重要的角色，被视为国家发展的核心要素和战略性资源，有助于提高国家的竞争力。换言之，为了实现创新驱动发展和高质量发展，我们需要摆脱以前传统的发展模式，以更加节约资源和减少技术依赖的方式获取和运用知识产权。这将有助于维护我国的经济安全、文化主权和科技发展主动权。

二、知识产权法律规范与公共政策

在一个国家的规范体系中，制度是指规范社会成员行为的规则，通常是通过强制措施来确保成员对其的遵守和维护。中国知识产权制度主要由法律规范和公共政策两部分构成。

中国知识产权法律的发展历程经历了“移植—转化再造”的阶段性选择和不断创新，从初期的引进外国法律，到后来的加入国际公约并进行本土化改造，再到目前的积极推动创新发展，实现了法律的自主性和主动性。当前知识产权法律框架的主要指导文件是《中华人民共和国民法典》（简称《民法典》），该法律体系涵盖了《著作权法》《专利法》《商标法》和《中华人民共和国反不正当竞争法》（简称《反不正当竞争法》）等核心内容，同时辅以行政法规、地方性法规，以及各种行政规章和司法解释等规范性文件。尽管我国已经在建立法规体系和实现法律现代化方面有了很大的进步，但是随着时代的变迁，我们仍然需要持续更新和完善法律体系，以应对新时代的发展需求。在过去 40 多年里，中国始终关注知

---

① 国务院知识产权战略实施工作部际联席会议办公室．《知识产权强国建设纲要 2021—2035》辅导读本 [M]. 北京：知识产权出版社，2022.

识产权制度现代化的发展趋势，并不断采纳适应时代和发展阶段的法律立场和政策安排。这既充分考虑到了本国基本国情和发展需求，又从发达国家对知识产权的保护方面获得了重要的启发；既关注创新产业的类型和相关领域的知识产权制度，又考虑新制度对经济和社会发展的实际影响；既遵守国际知识产权保护规则，对国内外所有的创造者提供平等的保护，又同时适用公约的例外性条款，合理运用知识资源。总的来说，中国在知识产权方面的发展，彰显了中国法治的本土特色、实践特点和时代特征，体现了名副其实的“中国进程”和“中国选择”。

中国的知识产权政策彰显了具有中国特色的政策理念和主张，发挥了其服务于创新发展的配置与规范功能。公共政策是针对公共事务进行管理的一系列规则，旨在引导政策的制定、实施和评估等。具体而言，这些规范可能以条例、规章、计划、项目和措施等形式体现。政策和法律在国家的知识产权制度中紧密相连并相互作用，它们的共同目标在于推动经济和社会的发展进程。公共政策体系的运行中，总政策需要确保知识产权制度建立和执行达到预期目的（如知识产权战略、发展规划等）；本体政策是为了更加详细、全面地规范知识产权领域的运作而制定的补充措施，主要涉及推进知识产权的创造、应用、管理和服务等方面的计划和项目；辅助政策则在知识产权法律之外承担协调、支撑功能（如产权化、产业化、市场化的关联政策等）。总的来说，中国注重以法律为基础的公共政策，并通过提供必要的制度支持来实现知识产权战略目标。

中国的知识产权保护体系包括法律和法规的规范体系以及政策和战略的指导体系。这两个体系为推动中国式现代化发展提供了制度上的必要支持和保障，共同参与国家的治理活动。

三、知识产权法治系统与发展系统

知识产权的运行模式贯穿知识产权制度的全部层面。目前的知识产权制度的作用是确保个人权利的发展、使用和保护，并促进知识经济的繁荣和社会的进步。中国知识产权运行的机制由知识产权的法治运动状态和社会发展状态两个方面构成。知识产权法治系统是一个动态的法治过程，它包括立法、执法、司法和遵法四个方面。换言之，法律的制定只是一个开始，至关重要的是法律的实施和遵循，旨在实现法律所追求的价值目标。知识产权发展系统则是一项涵盖策略、规划、项目和措施的政策运行机制，其以创新为核心，以知识产权为中心，致力于发展和管理、保护和服务与知识产权相关的创作和应用等各个方面。在国家的发展战略和创新体系中，知识产权发展机制扮演着不可或缺的特殊角色。

中国知识产权制度运行机制旨在推进现代化治理并促进经济和社会发展。因此，我国政府出台了一系列本地化的法律、规定和政策，旨在在不同的价值目标和任务要求之间实现法治与发展的平衡。其中，法律运行机制需要慎重考虑制定制度的合理性和科学性，确保制度的实施有效且合理。从建设现代法治国家的要求出发，需要制订有关知识产权法治的目标，建立全面、内外协调的知识产权法律体系，大力建设秉公执法、公正不阿的法律实施系统；还应当建立公正透明、合法有序的知识产权市场体系，宣扬崇尚创造和创新、强调道德操守和遵守法律、坚守公平比拼的知识产权价值观，以促进知识产权的公正竞争。在政策实行过程与战略发展动态系统之中，社会发展机制拥有三大基本特点：引导性、协调性和绩效性。中国知识产权发展的主要工作重心大致分为三点：第一，高水平的创新创造。创新发展的本质要求是创造高质量的知识产权，在推动经济现代化和实现高质量发展的进程中，创造力被认为是知识产权强国发展实力中不可或缺的因素。中国正在努力打造全新的社会经济形态，且在此社会经济形态之中创新性知识占据着主导地位。要推进知识产权的发展，让其从数量和规模上向优秀方向发展。致力于创造高质量的知识产权产品，如受版权保护的杰出作品、核心技术专利和知名品牌等。第二，高效益运用。有效运用知识产权是推动创新发展的重要手段。中国旨在通过将知识产权转化产业化、商品化和资本化，提升文化软实力、科技竞争力和品牌影响力，进一步推进知识产权的综合效益。在评估运行绩效时，应特别注意知识产权附加值的组成、市场份额、产业转化率以及对经济发展的贡献程度。第三，高水平保护。要确保创新发展，必须实现对知识产权的高效保护。无论是出于迎合国际经济贸易体系的要求，还是出于对本国技术产业创新的需要，实现高水平的知识产权保护都是必要的发展路径。在新兴经济中，文化创意和高科技产生属于“知识产权密集型产业”。这些行业需要大量的知识产权要素，且知识产权的利润潜力相对较高。因此，这些产业对知识产权保护的需求也较为迫切。目前，我国积极推动知识产权保护工作的不断升级，注重提高司法效率，强化行政执法能力，实现不同维度的保护合作，努力打造良好的法律环境，致力于推动创新产业的蓬勃发展。

第二章　技术转移概论

技术转移是将技术从一个领域或组织转移到另一个领域或组织的过程。这通常涉及将技术、专业知识、专利、工艺或创新成果从研发或实验室环境转移到商业化或实际应用中。本章介绍了技术转移概述、科技成果的转化以及我国的技术转移工作现状。

第一节　技术转移概述

一、定义

技术转移指的是技术在国家、地区、行业、系统内部或之间输入输出的过程。该术语来自英文“technology transfer”。《国家技术转移示范机构管理办法》中规定了技术转移的具体定义，并详细阐述了其内涵。依照该办法的规定，技术转移是知识在某种产品的制造、某种工艺的运用或某种服务的提供过程中发生转移的过程。知识可经由多种方式传递，最终实现从技术提供方到技术需求方的转移。该定义强调了以下两点：一是“技术”被定义为“制造某种产品、应用某种工艺或提供某种服务的系统知识”，即应用技术成果；二是“转移”被限制在从供给侧到需求侧的方向。该技术转移的定义涵盖了技术所有权和使用权的转移相关的活动，但不考虑在同一主体内部的成果转化和价值转移。

《技术转移服务规范》（GB/T 34670—2017）中所述的“技术转移”定义与《国家技术转移示范机构管理办法》中所定义的内容相同。其中明确规定了技术转移的范围，包括科学知识、技术成果、科技信息以及科技能力等方面。此处可将科学知识理解为属于“系统知识”的范畴，科学知识的传播属于技术转移，但不能将科学知识与技术等同。这种定义方法使得技术转移的内涵获得了进一步的扩展。

根据袁建中教授在他的著作《科技管理》中的说法，技术转移也可以被看作传递知识的行为过程。例如，将学术界研究的成果转化为可商业化的产品，将某个行业的技术应用于另一个不同的行业，或将生产技术和管理科技跨国传递，这些做法的目的都在于有效缩短自主研发所需的时间和降低资金成本，优化资源利用效率，借助最新科技开发更优质的产品，进而保持企业或国家的竞争实力。

随着时代的发展，科技在经济发展的过程中承担的任务越来越重要，研究者已开始有意识地深入研究和探讨如何将技术成果从某个国家、地区或企业转移到其他地方。随着时间的推移，人们对“技术转移”的理解不断深化，不再局限于研发机构之间的技术项目转移，还包括跨越不同经济和技术主体范畴的企业间技术转让和技术授权等多个方面。区别于以往不自觉的行为、欠发达国家的政府活动等，“技术转移”现在已经在广泛范围内成为重要的战略行动，各行业、企业、研发机构以及政府都高度关注并积极参与其中。

一般认为，美国学者布鲁克斯（Blucurs）最早提出了技术转移的确切定义。他认为技术转移是经由其他人或者机构的手将由某些人或组织开发的系统和合理的知识应用于处理事物的方式、过程。

后来，由于观察问题的角度和强调的侧重点不同，在对技术转移进行解释和定义时，主要出现了以下八种不同的表述。

①知识扩散说。知识扩散说认为技术转移是指特定类型的知识群基于一定水平的技术，在不同领域和应用场景中扩散的过程。这一观点在当前国际上广泛流传。

②知识诀窍转移、分配说。该学说认为技术转移是将知识转移或分配给他人。该学说的代表人物有日本的学者小林达等。

③技术知识应用说。技术知识应用说认为技术转移是将某一种技术从特定领域迁移到更广泛的社会应用领域中。该学说的代表人物弗兰克·普雷斯（Frank Press）认为技术转移指的是将研究成果推广到国内或国外等社会化进程。

④地域、领域转移说。该学说认为技术转移是指将技术从一个区域或领域传递到另一个区域或领域的行为。也有学者认为技术转移是指将某一领域的科技信息运用或优化到其他不同领域的过程。经济合作与发展组织给出的定义也属于地域、领域转移说，该组织认为技术转移是将创新成果（如新产品、新技术等）从一个国家传输到另一个国家的过程。

⑤环节转移说。环节转移说认为技术转移是技术信息在不断演变和拓展的过程中逐步传递的过程。根据国内部分学者的看法，技术转移是指将技术与知识在

技术开发、创新和推广环节中进行有序的传递和流动。①

⑥不同主体合作说。该学说认为技术转移是指技术要素在不同的实体之间进行交流和传递。其主要特点包括：首先，涉及不同的主体；其次，需要主体之间进行合作。

⑦技术商品流通说。该学说认为技术转移是指将技术成果作为一种商品进行流通和应用的过程，能够帮助技术所有者将其技术应用于不同的领域或不同的市场。

⑧消化吸收说。消化吸收说认为技术转移并不仅仅意味着简单地将技术知识和相关机器设备搬迁，它还包括获取、吸收和掌握技术的过程，这三个方面集合在一起才能实现技术在新环境中的转移。有学者认为，技术转移是指技术在被运用的场景与其被创造的场所完全不同的情况下，经历了一系列的转变，被获得、开发和应用。

尽管技术转移可以有不同的定义和描述方式，但大体上技术转移是一种以实现经济目的为目标的信息流动过程，即特定技术和知识在技术提供方和技术接收方之间的交流和传递。技术传输的发生源于技术输出方和技术接收方之间的意愿和能力互动，并且互动的程度会影响技术的流动。为了使技术接收方完全掌握技术，技术输出方和技术接收方需要密切合作。技术转移的进程常常受到两个地区的政策法规、政府服务水平和能力等因素的影响，这些因素有些可能推动技术转移的进程，而有些则可能妨碍技术转移的发展。

技术的流动过程可以连通科技和生产部门，也可以产生在生产部门与生产部门之间；可以在全球范围内实施，也可以在本国实施；可以运用经济市场手段，或者采用非经济市场手段；既可以为抽象的概念形式，也可以是具体的实际物品；技术流动过程可以被有意识地策划和安排，也可以自发地、不经意地展开。

虽然技术转移、技术转让和技术扩散有些相似之处，但实际上，三者含义各不相同。

首先，从词义上看，在英语中，“transfer”一词有“转移”与“转让”两种含义，所以“technology transfer”可以被翻译成“技术转移”或“技术转让”。然而在中文中，“转让”和“转移”的意义是不一样的。“转让”是指一方把其特定的财产或权利过户给另一方。这种过户是在法律框架下进行的，涉及法律主体间的关系。在西方的财产法中，通常将“transfer”用于指代财产的转移，但是

① 林慧岳．技术转移的社会学分析[J]．自然辩证法研究，1993（4）：48-54.

如果要特别强调所有权的转移，则会使用“assignment”这个词。

从以上分析可以看出，技术转移既包括将技术迁移至不同地点，也包括转移技术所有权的含义；技术转让则单指将某种技术或权利从一方转移到另一方的过程。换句话说，技术转移囊括的范畴相对更广，能够将技术转让的含义囊括在内。需要强调的是，在进行技术转让之前，需要满足以下两个条件：①技术转让必须有至少两个参与方；②改变技术的使用权或者所有权的依据为法律关系。

与此相对的是，技术转移并不受这两个限制的制约。无论是同时发生，还是只有一方发生变化，只要技术被运用于不同的地点（包括地区、行业和部门），或拥有不同的权利归属，都可以被归为技术转移。例如，一位技术创新者将自己发明的技术带到另一个国家或地区创办企业，使用该技术生产特定产品，这并不意味着进行了技术转让，但意味着发生了技术的转移。不过，目前技术转移更加侧重对权利转移的关注，即多用于代指将某些权利全部或者局部转让给他人。

其次，技术扩散。根据美国部分经济学家的理论，技术扩散是指新技术被广泛采用和推广的过程。但因为技术扩散与技术创新扩散互为同义语，技术创新理论的奠基人熊彼特（Schumpeter）也将其定义为对技术创新大规模的“模仿”。舒尔茨（Schultz）则认为技术扩散是指新技术通过市场或非市场渠道传播的过程。

就定义而言，技术转移和技术扩散都涉及将技术经由特定的手段从一定领域或地区传递到其他的特定领域或地区。技术转移和技术扩散的不同之处在于以下几点。

①技术转移是双方主动的经济行为，参与者旨在实现各自的目标，尽管二者的目标可能不完全一致。技术扩散则指的是技术的传播与传递，它既可以是有意识的技术转移，也可以是无意识的技术传播。不过，在技术扩散的过程中，无意识的技术传播更加突出。

②通常情况下，技术转移的接收者只有一个且身份明确。而技术扩散的受众面则较广，不仅不会局限于某一特定群体，还会面向多个群体，且主要面向潜在用户群。对于供给侧来说，技术扩散存在一个扩散源头。

③技术转移和技术扩散均可以在国内或跨国范围内发生。从学术研究的角度来看，最初提倡技术转移的主要目的在于缩小发达地区与欠发达地区之间的技术差距，因此早期研究人员在探讨该问题时通常会关注国际技术转移的方面。目前，国内学者已经开始把研究焦点转移到了国内技术转移的领域。而技术扩散的概念最初是从对技术传播的研究中演变而来的，因此其早期的主要关注点在于国内技术扩散的状况。日本经济学家斋藤优曾说：“通常所说的技术扩散（diffusion）往

往指国内传播的情况，在国际则更多使用转移（transfer）一词。”[①]

④技术转移和技术扩散均能够在多个不同领域间实现。但前者作为一种拥有明确目标的经济行为，发生在相同区域之间更容易准确测定其产生的经济效益，而发生在不同区域之间则相对难以准确预测。鉴于这一特征，与技术扩散相比，技术转移更加着重于在同一领域内进行传递。

⑤一旦接收方掌握了相关技术，技术转移过程即告完成。而在技术扩散的过程中，只有当所有可应用该技术的人都开始实施该技术后，该过程才可被视为完成。因此，技术扩散的时间跨度较长。

⑥从研究视角来看，技术转移和技术扩散在理论和方法上存在明显的差异。技术的不均深受技术转移和其定向性的内在驱动力所影响。“从技术效率与功能的角度，可以把技术内容定性为尖端技术、先进技术、中间技术、初级技术、原始技术等5种级差形态。”[②]随着技术的不断升级，座次也在不断变化，整体呈现出后移的趋势。由于技术的效率和功能差异，各种技术具备独特的技术地位，呈现出不同的运行方式和运动惯量。随着经济区域不断扩大，资本受到利益的驱使，在技术先进的地区、国家、行业、企业之间通过技术传播促进技术相对滞后的地区、国家、行业、企业的发展。这种现象可以被视为技术溢出者和技术吸纳者之间的互动。

二、模式

技术转移的产生和发展由其内在的原因和机制所推动，进而发展成了一种经济和社会的现象。根据经济学家斋藤优的观点，需求（N）和资源（R，包括人才、资本、设备、信息等）之间的相互作用会促进技术的发展和使用。当两个国家间的N–R关系互相协调时，它们的互动将促进技术转移和实现。如果一个国家的资源不够，就会出现瓶颈，阻碍技术创新；如果一个国家认为自己的技术研发水平不如从外部引进的先进技术时，那么其所建立起来的资源和技术关系将会成为技术引进的N–R关系，作为技术提供方的国家所建立的资源和技术关系则是技术转移的N–R关系。要成功地实现国际技术转移，有五个关键的因素必须被充

① 斋藤优．技术开发论 日本的技术开发机制与政策[M]．王月辉，译．北京：科学技术文献出版社，1996．

② 龚彦波．技术转移在制造型企业技术创新中的应用研究[J]．建材与装饰，2017（26）：212–213．

分考虑：

①结合条件，即两国的 N-R 关系能够相互协调、配合有序。

②同意条件，需要满足特定的条件，技术的引进方和提供方都可以从中获得他们所希望的收益。也就是说，技术引进方能够得到收益，同时技术提供方也将受益。

③资源供给条件，双方的技术转移资源不仅可互相补充，更能满足技术转移的需求。

④无对立条件，主要是指技术转移渠道和需求之间没有冲突或者矛盾。

⑤技术扎根条件，接收技术转移的国家需要确保技术被有效地吸收和应用，因而需要在技术吸引方面付出相应的努力。

这样的 N-R 关系涉及资源、需求、信息和技术等多个面的交流和合作，以互相补充和促进发展为目的。除此之外，要实现技术转移，还要综合考虑多个方面的基础设施，包括专利制度、技术教育和培训机制，以及交通、通信设备、研究机构和高等教育机构等实体设施。随着 N-R 关系在国际范围内的普及和活跃度的提升，技术转移的机会和可行性也会随之增加。

但是，这种 N-R 关系结构所构建的动态机制是否能够成功落实，取决于以下四个速度因素对技术转移的影响程度：一是最初尝试新产品的速度或需求时滞。二是国内市场对新产品的普及速度，也就是新产品在消费者中的接受程度。三是取得生产技术的速度或者模仿新技术的时滞。四是一旦国内接触到外来的生产技术，采纳新技术的速度。

根据上述分析，技术转移的动因在于双方对此有期待的利益。技术供应方的主要动力大致包括两个方面：首先，技术供应方企业渴望获得超越正常的利润水平，以及开拓潜在市场的机会；其次，技术供应方企业需适应市场竞争并不断更新技术，这种技术更新需求为之带来了压力，也为技术输出提供了推动力。而技术需求方的首要目标是通过引进新技术和开发新产品来提高收益和增强市场竞争力，以确保企业的持续发展和存续。

根据联合国《国际技术转移行动守则》的定义，技术转移指的是将系统化的知识从生产地点转移到使用地点，转移的内容不仅是设备，还包括信息、知识、专利等软性内容。技术转移的目标是实践应用，而不是让人看到，因此，被转移的技术通常是更加先进和创新的，超越了现有的技术水平。根据技术信息的全面性、技术媒介的特殊性和技术特性的差异，我们还可以将技术转移进行以下多种分类。

（一）移植型和嫁接型两种模式

移植型技术转移是指将技术的全部内容迁移至另一地区或国家，许多跨国企业选择采用此模式扩展其海外业务，并实现技术转移。这种模式对于技术吸收方所依赖的现有技术系统影响较小，并且成功率较高。因此，那些处于相对落后状况的国家或地区，可以采用这种模式，快速实现在技术和经济方面的质的飞跃。然而应该留意的是，这种模式下转移技术所需支出的成本相对较高。

嫁接型技术转移是一种迁移技术的方式，通过转移技术的某个关键要素，如具有独特功能的技术模块或不可或缺的工艺设备等，实现技术的转移和传承。通过有机融合先进外部技术和技术需求方现有技术体系，嫁接型技术转移可以促进原有技术系统功能和效率的提升。这种技术转移方式需要接收技术方具备卓越的技术能力，同时也要满足严格的匹配准则。虽然这种技术转移的模式成本较低，但其融合过程存在风险，通常被用于技术实力相当的国家、地区和企业之间。

（二）实物型、智能型和人力型技术转移三种模式

实物型技术转移是通过交换实物，促进技术转移的方式。就技术而言，物质化的生产手段以及劳动产品的形态能够反映出某种技术。因此，当物品所有权转移并且需要在空间内移动时，相应的技术也会移动，并在新的环境下继续发挥作用。这就是“硬技术”转移的基本形式。

智能型技术转移是一种通过传递和流动专业的科学理论、技能、经验和方法等知识来推动技术应用与转移的模式。它不需要借用实际物品实现转移，常被称为“软技术”转移。这种技术转移基本上是通过在市场上进行商品交易来实现的，其中所交易的商品是包括专利技术、技术诀窍、工艺配方、信息情报等知识形态的产品。

人力型技术转移是一种传统的技术转移方式，其实质是人员流动所带来的技术知识的传递。技术可以在人员迁移、调配、招募、交流、异地培训等各种流动形式中进行转移。人是技术的核心，技术的形式可能不同，但是人们能够理解、掌握和应用技术，技术的转移也必然会涉及人才的流动。

（三）工艺技术转移和产品技术转移两种基本模式

人们一般认为，工业技术领域中存在工艺技术形态和产品技术形态两大系统，而每种技术形态都包含了众多密切相关的单元技术，这些单元技术是社会生产活动的技术基础。从实际的商品生产过程出发，工艺技术能够直接影响产品的技术性能

和生产效能，可被视为发展产品技术的技术和物质条件。但从社会生产的总过程角度来看，产品技术将会在工艺生产的技术水平和效率方面发挥重要作用，其构成了工艺技术的单元技术（可以认为，产品是工艺技术实体化的产物）。实际上，无论产业技术是什么种类，其作用都是有限的，它们都有自己的特定优势和应用领域。工艺技术转移适用于将作用于生产流程、提高效率和增加产量的技术转移到其他地方；产品技术转移则侧重于利用科技手段对生产过程和产品进行技术改进，以增加产品技术含量和功能扩展，并提高生产效率。通常情况下，农业和采矿业等领域的技术转移主要采用工艺技术转移，而制造业、信息产业和建筑业等行业则更多地依赖于产品技术转移。工艺技术和产品技术之间有着密不可分的关系，彼此的功能相互依存。因此，在实际的技术转移中，常常是利用工艺技术的转移来完成产品技术的优化，或者是利用产品技术的转移来完成工艺技术的改进。

三、技术转移的特点、途径与方式

（一）技术转移的特点

技术与普通物品不同，作为一种有机的知识体系，技术能够使人们开发出特定的产品、使用先进的工艺或提供特定的服务。因此，技术转移具有不同于一般的物权转移的特点，这种特点在技术转移的内容和过程中得到了充分的展现。

1. 技术转移体现的是知识的移动

技术转移就是把源于某个特定技术领域，代表该技术领域水平的知识，移动到另一个地方的过程，可以说技术转移本质上是一种知识迁移。这一知识群或知识整体的转移，包含以下三点。

第一，移动有形知识体系。即将物质化的知识如产品、设备进行移动。有形知识的移动也可以被看作“硬件”的迁移过程。

第二，移动无形知识体系。即纯粹的知识传递，而非具体的物品或产品。如移动专有技术、专利等无形的知识。这类知识的移动并不涉及实际物品的转移，能够借由技术数据、文件、标准、技术说明书、技术许可、服务合同以及维护手册等实现。无形的知识移动也可以被看作“软件”的迁移过程。

第三，同有形知识体系和无形知识体系移动相关的信息及知识的流动。这些信息和知识涵盖了国家、地区、企业组织以及个人的显性知识和隐性知识，内容丰富多彩，且转移过程非常复杂。它可能以书面材料、文字等形式表达并被转移，或仅能由真实人类通过实际操作和潜移默化的方式理解和掌握。

以上介绍的不同类别的知识转移可综合使用，涵盖技术转移活动的全过程。第三类知识虽然不是常规技术转移交易的一部分，但它是前两类知识转移所必需的先决条件。

2. 技术转移是一个由三个过程组成的有机整体

技术转移是一个有机整体，由以下三个过程组成。

一是通用知识的转移过程，该过程转移支持性知识。

二是技术知识的转移过程，该过程转移目标技术的相关知识。

三是企业特有知识的转移过程，该过程转移与目标技术息息相关的其他独特技术。

一般情况下，技术的转让（技术贸易）只涉及目标技术知识本身的转移过程，并不确保通用知识及企业特有知识的转移。后两者往往需要企业在后期进行技术投资和积累才能完成。然而在实际情况下，要成功地转移目标技术知识，必须借助有效的机制协调整合通用知识和企业特有知识，否则会遇到困难。要达成完整的技术转移流程，必须将以上三个流程融合在一起，形成无缝连接的整体。

换言之，若企业想要实现技术转移，技术接收方必须具备对应的知识与学习能力。技术接收方应当能够通过自学和努力获得通用知识，以更好地理解介绍的技术机理；同时，技术接收方需要有充足的经济资金和资源来支持技术引进，并促进内部环境的良好建设和改善，以促进所谓的技术“吸纳”过程，从而完成对企业特有知识的内化和应用。否则，在没有通用知识的基础和本土化知识的协助的情况下，企业很难顺利完成对目标技术的应用，终归无法实现技术转移。

3. 技术转移是一个复杂的综合化过程

由于技术的复杂性、广泛应用性和溢出效应，技术转移往往会涉及多种复杂的因素。技术转移不仅体现在技术形态的转移和权利变化上，还会带来许多其他的显性或隐性的变化。这些变化将产生溢出效应和连锁效应，对企业所在地区的经济、社会、产业、文化和自然环境等各个方面都会产生广泛而深远的影响。技术转移也因此表现为一个纷繁复杂的整合流程，尤其是在现代，技术扩散的迅速和渠道的多样化，更加拓展了技术转移的深度与广度，技术转移的过程对经济、产业和技术的发展和进步产生的影响越来越显著和深远。它正在以前所未有的速度对人们的价值观、文化、生活方式和思维方式产生影响，并推动其发生转变。

（二）技术转移的途径

技术转移的途径、手段和方式十分丰富，以下是八种技术转移的重要途径。

1．技术转让与技术引进

技术转让与技术引进即将目标技术通过技术市场的方式，从出让者手中转移到接收方手中的技术流动过程。该技术流动过程对技术的出让者来说可被视为一种技术转让，而对技术的接收方来说，则是一种技术引进。

虽然技术转让与技术引进的实际方法有很多，但以授权许可为主要方式。另外还可以采用技术咨询与服务、联合生产、投标与承包，以及全权交付项目等方法。

技术转移通过技术转让的途径和方式完成的优势在于，这种方法符合市场规则和原则，易于被双方接受，而且还能够激发技术供应方的积极性，使之在出让技术的同时，提供与技术相关的其他服务，更有助于技术转移的顺利实现；不足之处在于市场可能发生失灵的情况，一旦出现市场失灵，技术转移将难以进行。

2．技术推广和技术帮助

技术推广是指通过示范性活动使目标技术传播出去并得到广泛应用的过程。技术帮助则是指技术研发单位通过派员、解决技术问题等途径对生产企业提供技术帮助，从而达到技术转移的目的，可以作为技术推广的一种手段。

技术推广、技术帮助通常是由政府或公益性社会组织机构出面组织的一类经济、技术活动。通过技术推广、技术帮助途径及方式实现技术转移的优点是政府提供财政支持，社会的受益面较大，企业获取技术和帮助的成本低；缺点是应用管理较为困难，技术提供方的积极性、主动性可能受到某种程度的影响，技术传播、转移的实际效果往往与目标预期相差较大。

3．技术信息交流

技术信息交流是指利用各种信息来源，如文献资料、数据库，实现技术知识的传播、交流或获取。具体方式包括但不限于以下两种：①通过参加会议、与人面对面交流、利用媒体等方式分享经验和技术技能。通过展示样品、样机等物品增进技术的传播和交流。②利用报纸、杂志和多媒体资源等工具，传承、交流和获取技术理论、知识和实践经验。

技术信息交流的优点在于它提供的沟通渠道和方式简明易懂、成本低廉，可以以很快的速度获取技术知识。技术信息交流的不足之处在于接收者无法获取系统化、全面的技术知识，尤其是难以掌握技术诀窍。因而，企业在引进新技术时必须具备优秀的学习和仿效能力。

4. 人员交流及流动

通过国家、地区和企业间以及研发机构与企业间的人员交流及流动，推动和促进知识、技术在不同国家、地区和企业间的传播、应用，促进创新转移或获得所需技术。这一途径的优点在于技术转移的方式直接，转移过程中的问题易于解决，成功的概率较高，成本也较低。这一途径的不足之处是有可能影响人员流出单位内部正在进行的技术活动，或造成部分信息和技术诀窍的外泄与转移，以致造成知识产权上的纠纷等。

5. 合作研究与开发

产、学、研结合，研发单位与企业之间和企业与企业、研发单位与研发单位之间的合作研究和合作开发，是技术转移中效果较好、最具前景的一种途径及方式。其优点是可以充分利用合作伙伴的知识技能和资源，在弥补自己不足的同时，充分发挥自己的优势及长处，有助于迅速获取技术创新成果，并最大限度地降低研发成本的费用及其风险。其缺点在于由于组织之间的目标存在差异，因此在研发和管理过程中可能会出现各种矛盾和难以有效解决的利益分配问题，这可能导致难以建立良好的合作关系。

6. 设备和软件交易

一种最为普遍、易于实施的技术转移方法是通过购买设备和软件来获取目标技术或将其转移。设备和软件交易的优点在于买家能够迅速地获取所需技术，将技术投产后能够快速营利，同时有效降低风险；卖家则能够快速将其技术转移，从而获得一定回报，还能利用资金轻松拓展与之相匹配的服务，创造新的收入渠道，谋取更多的营利机会。设备和软件交易的不足之处在于，被出售的设备可能与购买方企业的现有需求不匹配，因此购买方企业需要对其进行变革和创新以适应已有体系；设备和软件的转让成本也很高，这往往导致购买方企业因技术转移成本高昂而难以真正提升技术水平。此外，由于技术处于不断更新之中，购买方企业还需要不断地采购新设备和软件，这也会为之带来一些不便。

7. 创办新企业

由技术研发机构或技术拥有人（单位或个人）自己创办企业。其优点是技术转移直接、转化速度快，转化过程中的问题易于解决，转移的成功率高，与此同时，技术拥有单位或个人有可能获取更大的收益。其缺点是技术转化所需资金可能难以筹措，转化过程中的生产管理、市场营销问题可能不易解决，不利于规模经济的有效、快速形成。

8. 企业并购

通过企业并购实现技术的有效转移，从而使购买方获取其所需要的技术。企业并购的目标意图主要如下。

①解决成熟企业的生产能力过剩问题。

②促进与竞争对手的有效联合，以便解决行业的过度分散问题。

③开发新产品，开拓新市场。

④以兼并来代替技术研发工作。

⑤利用不断削弱的行业界限创建新的企业。

其中第四种意图“以兼并来代替技术研发工作”是实现技术转移的一种新的途径和方式。

企业并购的优点在于合并的双方在资产、设备、市场、客户和员工方面建立了扎实的基础，因此收购方能够快速获取所需技术，快速投入经营并获得更高的盈利。企业并购的缺点在于购买方有可能会面临风险，因为卖方可能会有意识地隐瞒出售企业的真正动机和实际问题。在实际经营企业时，购买方可能会遭遇一些棘手的难题。因此，企业并购的成本和风险相对较高。

（三）技术转移的实现方式

1. “非商业型”技术转移

“非商业型”技术转移是一种无须支付任何交易费用的无偿性技术转移。具体途径及方式如下：

①通过人员交流，如互派人员访问、考察、学习或工作等使技术知识随着这种人员的交流实现转移。

②通过学术会议、技术交流、合作研发、科技期刊、书籍、宣传资料或大众媒介等方式实现转移。

③以技术帮助、援助等方式实现技术转移。

2. “商业型”技术转移

“商业型”技术转移即需要通过技术市场并支付一定费用的有偿性技术转移。具体的途径及方式如下。

①技术贸易，包括技术许可贸易和含有技术的货物贸易等。

②直接投资，包括创办新企业和企业并购。

③技术咨询与服务。

④交钥匙工程和工程服务。

四、相关要件

一般来说，技术转移伴随着资金、资本、资源、人才、知识、信息、管理和市场等多个方面的转移和交互作用，这些要素相互依存、相互影响，共同促进了技术的转移。从实践来看，以下10种转移类型基本可以囊括技术市场转移工作的主要类型。

①技术+资本或资金，如直接投资、合资等。直接投资是指投资者通过注资和提供资源等方式，获得被投资企业在技术、知识产权（如专利、商标、品牌、商业秘密等）方面的控制权，以及其在实际经营过程中积累的丰富经验和技能。虽然这些技术和相关知识产权的所有权仍掌握在被投资企业手中，但投资者成功地获得了对该企业的实际控制权，从而自然而然地掌握了这些技术和知识产权的使用权。合资是指最少两家企业共同投资、按照资本占比或约定分担风险和收益、联合掌控和决策合资企业。典型模式是将科技成果或技术作为投入资本，与其他投资者合作共同创立或投资于现有企业。

②技术+知识产权，即将技术的一部分或全部权益让渡给他人。技术权利的转让是指技术所有者将其所有的技术权利转让给接收人，使接收人能够获得技术权利并利用其获得利润。这个过程中，技术所有权发生变化，但技术本身仍然保持不变。技术授权是指技术的许可人在特定期限和形式内，允许被许可人使用该技术。

③技术+市场，利用特许经营模式，结合科技和市场，快速扩展市场，并将技术转化为商业利润。特许模式中，被授权人需要支付特许费用才能使用授权人的商标或品牌，并接收后者提供的技术、培训和管理等支持服务。在特许经营中，通常会将技术转移作为附带条件，也就是特许方会向特许方接收方提供技术。

④技术+人才，即通过人才的流动来促进技术转移。要实现技术转移，离不开人才的参与，因为人才是技术的重要承载者，而且人才的流动还可以促进技术的转移和传承。企业可以通过聘用、挂职、兼职和接纳离岗创业的方式，吸引高等院校和科研机构的科技人员的加入。随着他们加入企业，他们所具备的技术知识和技能会自然融合到企业中。人才流动是进行技术转移的重要路径之一。

⑤技术+管理，即通过管理咨询、管理输出等方式实现管理技术的转移。如通过与国际商业机器公司的集成产品开发技术的咨询交流，华为公司的管理水平和研发能力得到大幅度升级。

⑥技术+知识或信息，即利用专业展览、专业培训、专家咨询、专业会议等

多种形式，将技术和信息相结合，促进知识的流动，并实现技术转移。在出版专业书籍、专业杂志和其他媒体形式方面下功夫，可以有效地传递最新的知识，促进技术的交流和转移。

⑦技术＋服务，即受托方向委托方提供技术服务，这些技术服务涵盖了很多领域，包括但不限于机器设备的维保、给出作业程序建议、处理特定问题、进行品质控制。在这个过程中，技术也得到了迁移。

⑧技术＋工程，涉及设计和实施工程项目。这意味着工程承包方需要让工程设计和施工团队协同合作，一起确定工程设计和建设的要求。设计团队完成了详尽的工程设计，并将设计图纸交予施工方执行。施工方依照设计图纸进行施工，最终确保项目完工可移交给承包方投入使用。通常在设计和施工过程中，会使用一些包含已获得专利授权或未获得专利授权的相关技术，尤其是交钥匙工程的设计和施工，其中囊括了大量的技术与知识。

⑨产学研协同。产学研协同的技术转移是指高等院校和科研机构向企业转移技术知识的过程。这种形式是目前技术转移最常见且最主要的方式。

⑩军民互转，即将军用技术与民用技术互相借鉴、转移，促进两个领域的发展。

以上提到的方式都是将技术从提供方转移到需求方的渠道，涉及单纯的技术交易情况，也出现了技术跟随其他要素转移的情况。可以说，技术在各个主体之间的迁移过程，也是其价值得到充分发挥的过程。

五、技术转移发展趋向

随着时代的发展和科技的进步，技术的范畴不断拓展，其复杂性也随之不断加强。为了促进技术研发，我们需要投入更多的资源和资金，未来的技术交流和贸易活动将会更为频繁和繁荣。同时，技术作为资源的重要价值和作用将会受到人们越来越广泛的重视。总的来说，技术转移的发展趋势将向更多元化的转移主体、更高级化的转移客体以及更多样化的实施方式方向发展。

（一）技术转移主体多元化

在市场经济背景下，由于拥有丰厚的资金和强大的技术实力，大型企业一直是技术转移的主要负责方。随着科技和经济的不断进步，大型企业在技术领域的地位和作用仍将持续提升和扩大。同时，可以预见，在技术转移活动中，中小型企业将扮演越来越重要的角色，其地位也将逐渐得到提升。就目前发达国家的情况来看，中小型企业正在全方位、多角度地挑战跨国公司的垄断地位。在西欧，许多中小型企业已经成为技术转移方面不可或缺的重要力量。

政府在技术转移上的作用将会日益凸显。政府间的高新技术贸易将成为更重要的技术转移形式，涉及的技术内容有航天技术、核能技术及有助于国土资源分析与利用的高新技术等，这些交易活动将继续成为国际贸易的重点。在国内的技术转移中，政府将通过完善政策、规划和成立由其主导的技术转移机构等方式，直接参与和影响国内的技术转移事宜。这些措施将使技术转移得以顺畅迭代，并呈现出积极强劲的发展趋势。

（二）技术转移客体高级化

一是专利、专有技术和技术信息等知识、信息形式的技术转移越来越受到重视。随着软技术的知识转移不断增强，实物转移逐渐被取代。“知识型”的软技术转移将表现出迅速而强劲的发展态势。目前，发达国家的技术贸易主要以软件技术转移为主，该领域的交易占比超过 80%。技术转移的软件化，扩大了科学技术推广应用的范围和速度，同时推动了人们知识的更新和企业经营管理方式的改进。

二是高科技产品已经成为推动贸易发展的主要动力，与此同时，服务贸易的比重也在迅速上升，对整体贸易量的贡献越来越大。技术服务贸易和信息交流日益成为主要内容，高科技产品和高价值技术的技术贸易蓬勃发展，并开始引起贸易结构的重要变化。

（三）技术转移实现形式多样化

随着科技进步的不断加速和其进步成果在生产、信息、商品流通以及服务领域的广泛应用，技术转移的格局正在发生根本性的变化。目前，以技术交易和直接投资为主的技术转移形式正在被新的实现形式所替代，这些新形式正在迅速成长并进入成熟期。20 世纪 90 年代末期，涌现出了一些全新的商业模式，如纯设计（以销售产品设计方案为经营目的的研发型机构）、外包（将制造、服务或软件设计等任务托付给外部组织来完成）、企业在目标地区投资设立研发机构等，这些商业模式在短短几年时间内即已发展成为实现技术转移的重要新形式。

第二节　科技成果的转化

一、技术转移与成果转化

技术转移的概念正如前文所述，指用于生产某种产品、应用某种工艺或提供某种服务的系统知识，从技术供给方转移到技术需求方，且在该过程不发生任何变化。在技术转移中，技术供体是具有技术所有权、法律保护和特殊地位的个人、开发者或持有者，他们掌控着整个技术转移的过程。技术供体会考虑自身的利益和偏好，决定是否转移技术，并确定转移方式和目标。相应地，技术受体指的是接收和使用技术的人或组织，是实施技术引入的一方。

科技成果转化是我国科技工作的专有名词，《中华人民共和国促进科技成果转化法》认为，科技成果转化是指为提高生产力水平而对科学研究与技术开发所产生的具有实用价值的科技成果所进行的后续试验、开发、应用、推广直至形成新技术、新工艺、新材料、新产品，发展新产业等活动。由于高校及科研院所因承担各类研发任务、课题会产生科技成果，在科技成果转化方面往往担任了技术供给方的角色。简单来讲，科技成果转化是我国特有一种技术转移方式。

二、高校科技成果转化

在科学技术转移方面，我国高校起步较晚，但发展迅速。科技转化可以快速地将高校人才、科研成果和专业技术转换为可产出的实际成果，并促进各行业的技术进步和升级。如果科技转移得以成功实现，科研成果将会在经济和社会领域得到更好的应用和发挥。这将帮助高科技研究成果从实验室走向市场，将资源有效地转换和利用，从而推动社会和经济可持续发展，并相应地为国家和地区作出重要的贡献。目前，越来越多的高校已经开始认识到自身在国家科技创新体系中扮演的重要角色，从而增强了对科学技术转移工作的重视。

（一）校企直接转移

校企直接转移是指技术从学校到企业的转移，这是一种传统模式，也是主要的转移方式。学校将技术转让给企业，或者企业到学校来寻找技术，技术转移的成果基本是学校的自有成果。此种模式虽然有其客观不足和限制因素，但是仍然被很多高校采用。如清华大学于1983年设立科技开发部，负责与各企事业单位展开科技合作。

（二）技术孵化器

技术转移通过不同的技术孵化器管理机构来实施，大学科技园、合作研究院、国家工程（技术）研究中心、校企联合创建的科技研发机构等都是常见的技术孵化器服务机构，其有助于推动工程技术面向行业转移、扩散。

1. 大学科技园

大学科技园是经过科技部、教育部共同批准认定的科技创业服务机构。截至2021年，经科技部、教育部共同批准认定的国家大学科技园共有140家。大学科技园在我国技术转移体系中已经成为一支重要的力量。

哈尔滨工业大学国家大学科技园是依托于哈尔滨工业大学建立起来的A类国家级大学科技园，成立于1999年12月，是科技部、教育部首批确立的国家级大学科技园之一。该科技园先后被认定为国家高新技术创业服务中心、高校学生科技创业实习基地、紫丁香众创空间、“国家小型微型企业创业创新示范基地”、国家大众创业万众创新示范基地、黑龙江省技术转移优秀示范机构。该科技园积极探索，勇于创新，打造科技创新平台，助推黑龙江经济发展和产业升级，打造独具特色的产业基地，为区域经济的发展提供强有力的科技支撑。该科技园采用“投资 + 孵化”的模式，以投资的方式进行学校科技成果转化。企业化平台哈尔滨工业大学国家大学科技园发展有限公司为学校全资二级子公司，由哈尔滨工业大学资产经营有限公司100%持股。现有在孵企业155家，全部为科技型企业，其中高新技术企业6家，科技型中小企业24家，“毕业”企业19家。这些企业涉及电子信息、生物医药、新材料及材料设备、光电一体化、节能环保等领域。哈尔滨工业大学国家大学科技园现已成为推动创新资源集成、科技成果转化、科技创业孵化、创新人才培养和开放协同发展，促进科技、教育、经济融通和融合技术的重要平台和科技服务机构。

2. 国家工程（技术）研究中心

国家工程（技术）研究中心由科技部认定，依托于行业、领域科技实力强的重点科研机构、高科技型企业或高校，具有国内领先的工程技术研究设计、开发和试验的高素质人才队伍，以及比较完整的相关工程技术综合配套试验条件，可以提供多种形式的综合服务，与企业联系密切，能够自我良性循环发展。目前，科技部共认定国家工程（技术）研究中心346个，涵盖农业、制造业、新材料、节能与新能源、生物与医药、环境保护、社会事业等各领域。

以国家镁合金材料工程技术研究中心为例。该中心经科技部2007年批准组建，以重庆大学为依托单位，成员单位包括重庆市科学技术研究院、重庆博奥镁铝有限公司、重庆盛镁镁业有限公司、重庆镁业科技股份有限公司、长安汽车（集团）有限责任公司等。在重庆、青海盐湖、山西闻喜、贵州安顺、香港等地建立了镁合金研究分中心或产业化基地。国家镁合金材料工程技术研究中心先后承担国家及省部级重要项目等40余项，开发了一批新材料（其中16个已上升为国家标准牌号），突破并掌握了一批关键技术，取得了一批具有自主知识产权的标志性成果，极大地推进了我国镁产业的发展。该中心是世界上规模最大的镁合金研究机构，拥有研究和开发人员200多人。

3. 国家工程研究中心

国家工程研究中心由国家发展和改革委员会（以下简称发改委）认定，是国家科技创新体系的重要组成部分。国家工程研究中心旨在提升自主创新能力、增强产业核心竞争力和发展后劲，依据建设创新型国家与产业结构优化升级的重大战略性需求，组建包括高校、科研机构和企业等在内的研发实体。目前，发改委认定的国家工程研究中心有127家。

以上海数字电视国家工程研究中心为例。根据发改委的组建批复，2009年12月，上海高清数字科技产业有限公司联合海信、康佳、长虹、TCL、海尔、创维、北广科技、上海东方传媒、上海文广科技等数字电视领域领先的高校、科研机构、广播机构及企业共同筹建了数字电视国家工程研究中心。作为国家级技术研发机构，上海数字电视国家工程研究中心致力于采用技术转移、技术合作的模式，将具有前瞻性的、丰富的研究成果扩散到中国数字电视产业界，协助产业链建立新兴科技产业、培育产业科技人才及提升企业国际竞争力。

4. 政府与高校合作

大学和省（市）级政府合作共同成立相关研究机构，以高校的技术和团队为支撑，以长期合作、共同发展、优势互补、合作共赢为宗旨，充分发挥和利用省校双方的优势资源，突出政府的导向功能，面向区域经济社会发展。

以成都“未来医学城”为例。医学城是成都与四川大学共建的集医、教、研、产于一体的高能级医学中心，从发展模式、产业布局、管理体制、空间规划等方面深入对标苏州生物医药产业园、神户医疗产业都市、波士顿长木医学区等国内外顶级的生物医药园区。四川大学华西医学旗下的华西医院、华西第二医院、华西口腔医院、华西第四医院等顶级医疗资源，将按照“多中心、组团式、集约型”

建设高能级特色医疗中心、国际医学教育科研中心、全程健康管理中心、互联网医疗中心、健康险中心五大中心；此外大学与省（市）及政府还将携手打造高精器械孵化平台、现代中药研究平台、生物医药转化平台三大平台，布局高精医疗器械基地、智慧医学数据基地、生物医药创新基地、现代中药健康基地四大基地，形成国际特色示范医疗集群、创新驱动转化医学集群、精准医学融合药械产业集群三大集群。

5. 校企联合研发

高校和企业在双方确立的专业技术领域内开展科技攻关，并建立联合研究中心、研究所及实验室等，确保合作双方共同完成有关技术研发、孵化与产业化的任务。该模式是以高校研发为主的模式，不同的是企业可以预先介入，这样研究更具有针对性，对技术市场具有很好的拉动作用，实现企业与高校之间无缝对接，强强联合。企业依托其对市场的把握及资金等优势，高校依托其人才、技术、信息资源等优势。

以北京交通大学电气工程学院新能源研究所为例。该所自 2003 年开展风电和光伏发电并网变流器技术研究，依托其在电力电子学科领域的传统优势，先后研制了 2MW 直驱风电机组并网变流器、1.5MW 双馈风电机组并网变流器实验平台。并拥有 10kWP 光伏并网发电实验系统，与国内多家风电整机制造企业建立了紧密的“产学研”合作关系，多项技术和产品已经得到了工程化应用。其中，风电和光伏发电并网变流器技术与北京能高自动化技术有限公司的产学研合作，投入经费 732 万元，建设完成了并网变流器生产线，实现批量生产和销售。

（三）技术转移平台／中心

学校设立技术转移平台或技术转移中心，承担社会中介服务机构的角色。其作为一种公司化的新型模式，类似于院校技术转移职能部门，拥有明确的职能，采取市场化运作模式，拥有独立的法人地位，与高校有着不可分割的关系。公司的法人和总经理一般兼任学校科技处等部门职务，有利于充分调动和协调学校科技资源。

（四）技术创业模式

该模式是指以大学科技成果为起始点，对应另一个成长的实体，即由高校利用学校科技成果而催生的高校科技型企业。企业运行模式是高校技术入股到科技型企业中，共同创办企业，并参与组织管理，注册的企业独立承担后期产业化与二次开发工作。这些企业的注册资本是由高校资产经营公司及其所属企业或与社会共同出资完成。该种模式提倡高校科研人员、专业老师积极投身技术创新创业，实现科技成果的社会价值。

三、高校成果转化工作中存在的问题

总体来看，随着我国促进科技成果转化系列政策法规的逐步落实，各高校院所科技成果转化已进入平稳发展阶段。但目前依然存在诸多影响科技成果转化的问题，主要涉及科技成果转化政策的衔接和落实、服务机构服务能力和人才水平的提升、科技评价体系改进等方面。

（一）机构建设及人才水平提升待加强

《2019中国科技成果转化年度报告》显示，自建技术转移机构的单位占比是19.3%，在转移过程中发挥重要作用的占比是41.2%。① 已设立的技术转移机构职能不健全，仅能进行技术服务类、品种权许可等简单操作，对常规科技成果转化的方式并不熟悉，对于作价投资等需要提供系列专业化服务的转化活动更无法有效实施。部分单位未设立专门的技术转移机构，涉及科技成果转化需科研人员自己完成或者寻找第三方中介服务机构协助完成，而目前中介服务机构的水平参差不齐，中介服务机构内部转移转化机制尚未健全，提供的服务缺乏针对性，难以满足高校高质量的成果转化要求。同时，复合型转移转化人才短缺。转移转化涉及知识产权、技术开发、法律财务、企业管理、商业谈判等方面，对专业的转移转化人员的专业素质要求高。但目前高校院所给予转移转化人才的待遇不高且没有明确的晋升机制，愿意投身于此的专职人员较少，高水平技术转移专业人才仍较为紧缺。

（二）转化基地尚待系统布局

在试验基地方面，虽然国家及地方对中试放大试验基地的重视程度有所提升，但依然存在着经费投入不足、观念和意识未跟进、社会中试资源分散、企业参与动力不足等问题。此外，其缺乏系统完备的第三方信息交流平台。现存的各类信息平台缺少统一规范和管理，普遍存在新闻信息多、统计分析少，重复信息多、前沿资讯少，零散数据多、有效资源少等问题。试验基地还存在缺少信息共享的利益分配机制的问题，全国性科技成果信息服务网络的各个节点无法真正打通、形成有效协同，进而增加了获取有效信息的难度，影响了科技成果信息服务平台

① 中国科技成果转化年度报告2019[J]. 科技成果管理与研究，2020（6）：1–7.

的使用效率和可信度。高校科技成果转化基地建设与成果转化分属不同部门，存在政策不协调、各自为政的情况；平台建设的内容与设立时的目标不一致，成果转化在平台的评估中没有发挥引导作用。

（三）科技成果转化的质量及动力有待提高

当前对于高校院所反映的“四唯”问题（唯论文、唯职称、唯学历、唯奖项）仍然存在，部分科研工作者重基础研究轻应用研究，重论文轻成果转化，不了解市场情况和企业需求，转化动力有待提高。部分科技成果质量水平不高，许多成果只是为了完成项目、发表论文、申报专利和申报职称凑数，成果本身转化价值不高。成果转化主体作用有待进一步发挥。部分中小企业资金实力有限，科技成果承接能力弱，较难将科技成果及时推向市场。而有成果转化能力的大型国有企业创新不够，动力不足，风险投资体系不够完善，不愿尝试创新成果的转化应用。

（四）科技评价机制改革需要深入推进

当前需要合理有效的评价方法来替代“四唯”。虽然 2020 年国家出台了一系列相关政策，但部分单位反映，“四唯”破而未立，如何将科技成果转化放入职称晋升的考核体系尚未有统一方式，我国科技评价的不良状况没有得到明显改善，科学合理的评价机制有待进一步落实。科技成果评价仍以同行评议的定性评价为主，缺乏以分类评估、系统性、定量定性相结合、可溯源为原则开展科技成果评价的机构，开展的科技成果评价活动缺乏规范性和权威性。国家科技计划立项、验收评审中对科技成果的先进度、成熟度、创新度等的评价重视不够。对于无形资产，多数单位主要通过学术委员会进行初步估值后，结合财务核算的形式进行评估。这种方法存在一定局限性，因无形资产的特殊性，较难准确估算其真正的价值。

（五）科技金融体系亟待完善

科技成果转化工作离不开金融资本的支撑。近年来，国家层面设立了国家科技成果转化引导基金等多类金融资本。引导社会资源支持科技创新，推动成果转化。截至 2019 年底，中国政府引导基金的数量已经超过 1 700 支，目标规模达到了 10 万亿元，已到位的资金规模 4.69 万亿元。[①] 但因规避风险，相关资本进入

① 于立彪，陈柏强．知识产权运营与技术转移 [M]. 北京：北京理工大学出版社，2022.

成果转化最早期，解决成果转化“死亡谷”问题的意愿不强。资本普遍更愿追求“短平快”“赚快钱”的利益回报。如何引导资本建立从实验研究、小试、中试到规模化生产全过程，多元化、差异化的科技金融投资模式，仍是科技成果转化面临的重要课题。

第三节　技术转移工作现状

一、整体情况

随着科技体制改革的持续发力，尤其是资源配置、计划管理、科技成果转化等方面重大改革措施的出台，以及创新型国家的建设，科技成果转化为现实生产力的速度在加快。截至目前，国家技术转移示范机构共 6 批 453 家，技术（产权）交易机构 30 家。2020 年，全国技术合同成交额达到 2.8 万亿元人民币，同比增长 26%，共签订技术合同 54.9 万项，其中涉及知识产权的技术合同 18.6 万项，成交额 1.1 万亿元，占全国技术合同成交总额的 39.8%。

2019 年数据与同期相比差异体现在以下三方面。一是以转让、许可、作价投资方式转化科技成果的合同项数和当年到账金额比同期有所增长。2019 年，3 450 家高校院所以转让、许可、作价投资方式转化科技成果的合同项数为 15 035 项，其中 2 760 家单位的合同项数比上一年增长了 32.3%，合同总金额为 152.4 亿元。当年到账金额达 44.3 亿元，比上一年增长了 29.8%，占当年签订合同总金额的 29.1%。二是转化合同总金额超过 1 亿元的单位数量保持在 30 家左右，以转让、许可、作价投资方式转化科技成果合同总金额超过 1 亿元的单位有 29 家。三是财政资助项目产生的科技成果转化合同项数有所上升，财政资助项目产生的科技成果以转让、许可、作价投资方式转化合同项数为 2 815 项，比上一年增长了 10.9%，合同金额 47.0 亿元。

二、近年国家成果转化相关政策

促进科技成果转化是国家实施创新驱动发展战略的重要任务，是加强科技与经济紧密结合的关键环节，对于推进结构性改革，尤其是供给侧结构性改革、支撑经济转型升级和产业结构调整，促进创新型国家建设，打造经济发展新引擎具有重要意义。因此，国家出台多项相关政策，这里对近年的政策进行了集中梳理，如表 2-3-1 所示。

表 2-3-1　近年国家科技成果转化支持政策汇编

编号	文件名称	发文字号
1	《中华人民共和国专利法》（2020 年修订）	2020 年中华人民共和国主席令第五十五号
2	国家科学技术奖励条例	中华人民共和国国务院令第 731 号
3	科技部 财政部关于印发《国家科技成果转化引导基金创业投资子基金变更事项管理暂行办法》的通知	国科发区〔2021〕46 号
4	国务院办公厅关于提升大众创业万众创新示范基地带动作用进一步促改革稳就业强动能的实施意见	国办发〔2020〕26 号
5	国务院关于促进国家高新技术产业开发区高质量发展的若干意见	国发〔2020〕7 号
6	国务院办公厅关于推广第三批支持创新相关改革举措的通知	国办发〔2020〕3 号
7	国务院关于 2019 年度国家科学技术奖励的决定	国发〔2020〕2 号
8	关于开展双创示范基地创业就业“校企行”专项行动的通知	发改办高技〔2020〕310 号
9	科技部 财政部 发展改革委关于印发《中央财政科技计划（专项、基金等）绩效评估规范（试行）》的通知	国科发监〔2020〕165 号
10	科技部办公厅关于加快推动国家科技成果转移转化示范区建设发展的通知	国科办区〔2020〕50 号
11	科技部 教育部印发《关于进一步推进高等学校专业化技术转移机构建设发展的实施意见》的通知	国科发区〔2020〕133 号
12	科技部等 9 部门印发《赋予科研人员职务科技成果所有权或长期使用权试点实施方案》的通知	国科发区〔2020〕128 号
13	科技部办公厅 财政部办公厅 教育部办公厅 中科院办公厅 工程院办公厅 自然科学基金委办公室关于印发《新形势下加强基础研究若干重点举措》的通知	国科办基〔2020〕38 号
14	科技部 财政部印发《关于推进国家技术创新中心建设的总体方案（暂行）》的通知	国科发区〔2020〕93 号

（续表）

编号	文件名称	发文字号
15	科技部印发《关于科技创新支撑复工复产和经济平稳运行的若干措施》的通知	国科发区〔2020〕67 号
16	科技部印发《关于破除科技评价中“唯论文”不良导向的若干措施（试行）》的通知	国科发监〔2020〕37 号
17	教育部 科技部印发《关于规范高等学校 SCI 论文相关指标使用 树立正确评价导向的若干意见》的通知	教科技〔2020〕2 号
18	教育部 国家知识产权局 科技部关于提升高等学校专利质量促进转化运用的若干意见	教科技〔2020〕1 号
19	住房和城乡建设部等部门关于推动智能建造与建筑工业化协同发展的指导意见	建市〔2020〕60 号
20	科技部 农业农村部 教育部 财政部 人力资源社会保障部 银保监会 供销总社印发《关于加强农业科技社会化服务体系建设的若干意见》的通知	国科发农〔2020〕192 号
21	农业农村部办公厅关于开展国家农业科技示范展示基地建设的通知	农办科〔2020〕6 号
22	国家知识产权局办公室关于进一步提升企业知识产权管理体系贯标认证质量的通知	国知办函运字〔2020〕953 号
23	国家知识产权局办公室关于印发《知识产权信息公共服务工作指引》的通知	国知办发服字〔2020〕43 号
24	国务院办公厅关于支持国家级新区深化改革创新加快推动高质量发展的指导意见	国办发〔2019〕58 号
25	国务院办公厅关于印发科技领域中央与地方财政事权和支出责任划分改革方案的通知	国办发〔2019〕26 号
26	科技部 教育部关于印发《国家大学科技园管理办法》的通知	国科发区〔2019〕117 号
27	科技部印发《关于促进新型研发机构发展的指导意见》的通知	国科发政〔2019〕313 号
28	科技部等 6 部门印发《关于扩大高校和科研院所科研相关自主权的若干意见》的通知	国科发政〔2019〕260 号
29	科技部印发《关于新时期支持科技型中小企业加快创新发展的若干政策措施》的通知	国科发区〔2019〕268 号

（续表）

编号	文件名称	发文字号
30	关于进一步加大授权力度 促进科技成果转化的通知	财资〔2019〕57号
31	人力资源社会保障部 农业农村部关于深化农业技术人员职称制度改革的指导意见	人社部发〔2019〕114号
32	中共自然资源部党组关于激励科技创新人才的若干措施	自然资党发〔2019〕2号
33	人力资源社会保障部关于进一步支持和鼓励事业单位科研人员创新创业的指导意见	人社部发〔2019〕137号
34	关于推动先进制造业和现代服务业深度融合发展的实施意见	发改产业〔2019〕1762号
35	中共中央办公厅 国务院办公厅印发《关于分类推进人才评价机制改革的指导意见》	中办发〔2018〕6号
36	中共中央办公厅 国务院办公厅印发《关于进一步加强科研诚信建设的若干意见》	中办发〔2018〕23号
37	中共中央办公厅 国务院办公厅印发《关于深化项目评审、人才评价、机构评估改革的意见》	中办发〔2018〕37号
38	国务院关于全面加强基础科学研究的若干意见	国发〔2018〕4号
39	国务院关于优化科研管理提升科研绩效若干措施的通知	国发〔2018〕25号
40	国务院关于推动创新创业高质量发展打造“双创”升级版的意见	国发〔2018〕32号
41	国务院办公厅关于推进农业高新技术产业示范区建设发展的指导意见	国办发〔2018〕4号
42	国务院办公厅关于印发《知识产权对外转让有关工作办法（试行）》的通知	国办发〔2018〕19号
43	国务院办公厅关于推广第二批支持创新相关改革举措的通知	国办发〔2018〕126号
44	国务院办公厅关于抓好赋予科研机构和人员更大自主权有关文件贯彻落实工作的通知	国办发〔2018〕127号
45	关于印发振兴东北科技成果转移转化专项行动实施方案的通知	国科发创〔2018〕17号

（续表）

编号	文件名称	发文字号
46	科技部 国资委印发《关于进一步推进中央企业创新发展的意见》的通知	国科发资〔2018〕19 号
47	科技部关于印发《关于技术市场发展的若干意见》的通知	国科发创〔2018〕48 号
48	科技部 财政部 税务总局关于科技人员取得职务科技成果转化现金奖励信息公示办法的通知	国科发政〔2018〕103 号
49	关于科技人员取得职务科技成果转化现金奖励有关个人所得税政策的通知	财税〔2018〕58 号
50	国家税务总局关于科技人员取得职务科技成果转化现金国家税务总局公告 2018 年奖励有关个人所得税征管问题的公告	国家税务总局公告 2018 年第 3 号
51	国家发展改革委关于印发《国家产业创新中心建设工作指引（试行）》的通知	发改高技规〔2018〕68 号
52	教育部关于印发《高校科技创新服务“一带一路”倡议行动计划》的通知	教技〔2018〕12 号
53	教育部 财政部 国家发展改革委印发《关于高等学校加快“双一流”建设的指导意见》的通知	教研〔2018〕5 号
54	教育部关于印发《高等学校科技成果转化和技术转移基地认定暂行办法》的通知	教技〔2018〕7 号
55	工业和信息化部办公厅关于印发《国家制造业创新中心考核评估办法（暂行）》的通知	工信厅科〔2018〕37 号
56	工业和信息化部 财政部关于印发国家新材料产业资源共享平台建设方案的通知	工信部联原〔2018〕78 号
57	财政部 科技部 国资委关于扩大国有科技型企业股权和分红激励暂行办法实施范围等有关事项的通知	财资〔2018〕54 号
58	财政部 税务总局 科技部关于企业委托境外研究开发费用税前加计扣除有关政策问题的通知	财税〔2018〕64 号
59	财政部 税务总局 科技部关于提高研究开发费用税前加计扣除比例的通知	财税〔2018〕99 号
60	财政部 税务总局 科技部 教育部关于科技企业孵化器 大学科技园和众创空间税收政策的通知	财税〔2018〕120 号

（续表）

编号	文件名称	发文字号
61	中共自然资源部党组关于深化科技体制改革提升科技创新效能的实施意见	自然资党发〔2018〕31号
62	交通运输部办公厅关于建立交通运输重大科技创新成果库的通知	交办科技〔2018〕37号
63	关于印发国家卫生健康委员会科技重大专项实施管理细则的通知	国卫办科教发〔2018〕15号
64	食品药品监管总局 科技部关于加强和促进食品药品科技创新工作的指导意见	食药监科〔2018〕14号
65	国务院关于印发国家技术转移体系建设方案的通知	国发〔2017〕44号
66	科技部关于印发国家科技成果转移转化示范区建设指引的通知	国科发创〔2017〕304号
67	教育部办公厅关于进一步推动高校落实科技成果转化政策相关事项的通知	教技厅函〔2017〕139号
68	人力资源社会保障部关于支持和鼓励事业单位专业技术人员创新创业的指导意见	人社部规〔2017〕4号
69	质检总局关于促进科技成果转化的指导意见	国质检科〔2017〕140号
70	交通运输部关于印发促进科技成果转化暂行办法的通知	交科技发〔2017〕55号
71	国家林业局关于印发《国家林业局促进科技成果转移转化行动方案》的通知	林科发〔2017〕46号
72	总局关于促进科技成果转化的意见	食药监科〔2017〕71号
73	中共中央 国务院印发《国家创新驱动发展战略纲要》	中发〔2016〕4号
74	中共中央办公厅 国务院办公厅印发《关于实行以增加知识价值为导向分配政策的若干意见》的通知	厅字〔2016〕35号
75	国务院关于印发实施《中华人民共和国促进科技成果转化法》若干规定的通知	国发〔2016〕16号
76	国务院办公厅关于印发促进科技成果转移转化行动方案的通知	国办发〔2016〕28号

（续表）

编号	文件名称	发文字号
77	教育部 科技部关于加强高等学校科技成果转移转化工作的若干意见	教技〔2016〕3 号
78	教育部办公厅关于印发《促进高等学校科技成果转移转化行动计划》的通知	教技厅函〔2016〕115 号
79	财政部 国家税务总局关于完善股权激励和技术入股有关所得税政策的通知	财税〔2016〕101 号
80	关于印发《国有科技型企业股权和分红激励暂行办法》的通知	财资〔2016〕4 号
81	国土资源部关于印发促进科技成果转化暂行办法的通知	国土资发〔2016〕105 号
82	农业部关于印发《农业部深入实施〈中华人民共和国促进科技成果转化法〉若干细则》	农科教发〔2016〕7 号
83	《中国科学院促进科技成果转移转化专项行动实施方案》	科发促字〔2016〕37 号
84	中国科学院 科学技术部关于印发《中国科学院关于新时期加快促进科技成果转移转化指导意见》的通知	科发促字〔2016〕97 号
85	中国科学院关于印发《中国科学院科技成果转移转化重点专项项目管理办法》的通知	科发促字〔2016〕138 号
86	国家粮食局关于大力促进粮食科技成果转化的实施意见	国粮储〔2016〕148 号
87	中华人民共和国促进科技成果转化法（2015 年修订）	中华人民共和国主席令第三十二号

（一）将科技成果转化纳入国民经济和社会发展规划

《中共中央关于制定国民经济和社会发展第十四个五年规划和二〇三五年远景目标的建议》提出“加强知识产权保护，大幅提高科技成果转移转化成效”，表明在未来若干年里，科技成果转化的目标和工作重心是提高成效，包括提升转化水平、增强转化能力、更好地发挥科技成果转化对经济社会发展的促进作用。

1. 支持企业转化科技成果

创新科技成果转化机制，鼓励将符合条件的由财政资金支持形成的科技成果许可给中小企业使用。推进创新创业机构改革，建设专业化市场化技术转移机构和技术经理人队伍。完善金融支持创新体系，鼓励金融机构发展知识产权质押融资、科技保险等科技金融产品，开展科技成果转化贷款风险补偿试点。

2. 落实科技成果转化收益分配政策

实行以增加知识价值为导向的分配政策，完善科研人员职务发明成果权益分享机制，探索赋予科研人员职务科技成果所有权或长期使用权，提高科研人员收益分享比例。

3. 健全知识产权运用机制

优化专利资助奖励政策和考核评价机制，更好地保护和激励高价值专利，培育专利密集型产业。改革国有知识产权归属和权益分配机制，扩大科研机构和高等院校知识产权处置自主权。完善无形资产评估制度，形成激励与监管相协调的管理机制。

（二）科技成果权属改革

2020 年 10 月 17 日，中共十三届全国人大常委会第二十二次会议通过了对《中华人民共和国专利法》第四次修正案。其中第六条增加了“该单位可以依法处置其职务发明创造申请专利的权利和专利权，促进相关发明创造的实施和运用”的内容，授予职务发明单位处置专利权和专利申请权，为高校院所等科研事业单位和国有企业赋予科技人员职务科技成果知识产权提供了法律依据；第十五条增加了第二款“国家鼓励被授予专利权的单位实行产权激励，采取股权、期权、分红等方式，使发明人或者设计人合理分享创新收益”，根据这一规定，科技人员不仅可以获得奖励和报酬，还可以分享创新收益。

（三）加强科技成果转化载体建设

《科技部办公厅关于加快推动国家科技成果转移转化示范区建设发展的通知》为充分发挥国家科技成果转移转化示范区的带动作用，以科技成果转化引领示范区高质量发展，提出了加快示范区建设发展的七项措施。

一是以服务科技型企业为重点，发挥支撑复工复产示范带动作用。

二是以创新促进科技成果转化机制模式为重点，进一步加大先行先试力度。

三是以强化科技成果转化全链条服务为重点，提高成果转化专业化服务能力。

四是以示范区主导产业为重点，加快推进重大科技成果转化应用。

五是以集聚创新资源为重点，促进技术要素的市场化配置。

六是以完善工作推进体系为重点，提升示范区治理水平。

七是以优化布局和绩效评价为重点，加快推进示范区高质量发展。

（四）促进企业实施科技成果转化

2018 年 4 月 19 日，科技部、国有资产监督管理委员会（简称国资委）印发了《关于进一步推进中央企业创新发展的意见》，提出“推进《促进科技成果转化法》在中央企业落地，采取多种方式推动建立中央企业技术交易平台，提高知识产权创造、应用、管理和保护能力”和“加强国家科技成果转化引导基金与中央企业创新类投资基金的合作”“联合地方政府、金融机构、社会资本，成立一批专业化创业投资基金，推动中央企业科技成果的转移转化和产业化”。

2021 年 3 月 22 日，财政部办公厅、国家知识产权局办公室印发了《关于实施专利转化专项计划助力中小企业创新发展的通知》（下称《通知》），提出“以更高质量的知识产权信息开放和更高水平的知识产权运营服务供给，主动对接中小企业技术需求，进一步畅通技术要素流转渠道，推动专利技术转化实施，唤醒未充分实施的‘沉睡专利’，助力中小企业创新发展”。

为此，财政部、国家知识产权局决定实施专利转化专项计划，利用三年时间，择优奖补一批促进专利技术转移转化、助力中小企业创新发展成效显著的省、自治区、直辖市。《通知》要求地方拓宽专利技术供给渠道、推进专利技术供需对接、完善配套政策和服务措施，国家知识产权局、财政部对有关省份开展专利转化专项计划给予扩大数据开放、提供绿色通道，并对专利技术转化运用成效显著的省份给予 1 亿元的奖补资金等政策支持。

（五）规范奖酬金分配

中共中央办公厅、国务院办公厅印发的《关于促进劳动力和人才社会性流动体制机制改革的意见》提出“研究制定科研人员获得的职务科技成果转化现金奖励计入当年本单位绩效工资总量、但不受总量限制且不纳入总量基数的具体操作办法”。

2021 年 2 月 28 日，人力资源和社会保障部、财政部、科技部印发了《关于事业单位科研人员职务科技成果转化现金奖励纳入绩效工资管理有关问题的通知》，规范“事业单位科研人员职务科技成果转化现金奖励纳入绩效工资管理”。

一是科技成果完成单位按规定对完成、转化该项科技成果做出重要贡献人员给予的现金奖励，计入所在单位绩效工资总量，但不受核定的绩效工资总量限制，不作为人力资源社会保障、财政部门核定单位下一年度绩效工资总量的基数，不作为社会保险缴费基数。

二是属于科研人员在职务科技成果转化工作中开展技术开发、技术咨询、技术服务等活动的，项目承担单位可根据实际情况，按照《技术合同认定登记管理办法》规定到当地科技主管部门进行技术合同登记，认定登记为技术开发、技术咨询、技术服务合同的，项目承担单位按照促进科技成果转化法等法律法规给予科研人员的现金奖励，按照该通知第一条规定执行。

三是科技成果完成单位统计工资总额、年平均工资、年平均绩效工资等数据以及向有关部门报送年度绩效工资执行情况时，应包含现金奖励情况，并单独注明。

三、国内外知名技术转移机构介绍

技术转移机构（TTO）是指为实现和加速从技术供给方向技术需求方转移过程提供各类服务的机构，包括技术经纪、技术集成与经营和技术投融资服务机构等，技术转移机构是以企业为主体、市场为导向、产学研相结合的技术创新体系的重要组成部分，是促进知识流动和技术转移的关键环节，是区域创新体系的重要内容。这类机构最早诞生于美国。为了促进大学技术向产业的转移，斯坦福大学首创了TTO模式，该模式具有两个基本功能：一是代理研发人员发布技术成果信息，降低搜寻成本；二是为企业提供技术价值评估服务，降低投资风险。随后欧洲、日本等地陆续产生了类似TTO模式的技术转移机构。不同于国外的技术转移机构，我国技术转移机构建立较晚。2001年，国家首批认定了清华大学、上海交通大学、西安交通大学等高校的技术转移机构作为国家技术转移中心。中心以优化和调整产业结构为目标，推动高校和科研院所的科技、人才、信息等资源与重点行业、重点企业结合，推动产学研联合工作向纵深发展，主要任务是开展共性技术的开发和扩散，推动和完善企业技术中心建设，促进高校科技成果转化和技术转移。

（一）国外知名的技术转移机构

1. 美国网络技术交易市场平台

该平台于1992年2月由3M公司、杜邦、福特、霍尼韦尔国际等10余家国际知名企业投资成立，目前扩展到60家，总部设于美国，全球设有5个分部，拥有14万用户，同时集聚了许多风险投资基金。平台线下超过9万名技术专家，其服务内容有技术许可服务、咨询服务以及会员服务，同时匹配自己的风险投资基金，为技术双方合理有效地发布技术成果或解决技术难题提供了保证，确保技术交易商业运作成果。

2. 美国国家技术转移中心

美国国家技术转移中心为非营利性的独立机构，于1989年成为国家技术交易市场平台，提供整合性技术交易信息网站及专业咨询服务。其服务内容如下。

①整合性技术信息平台，负责维护超过700个联邦实验室与100所大学的研发成果资料，并整合这些研发成果资料，进行分析归类。

②提供航空航天、计算机应用程序开发、中小企业创新技术、导弹防御技术、医学新技术、安全与食品健康等基础性研究的技术支持与咨询服务。

③其服务领域涵盖专业咨询、联合开发、市场评价、商业策划与推广、专业培训等。该机构除连接700个联邦实验室与100所大学外，还在全美各地区组建了多个区域技术转移中心，连接美国航天全球技术交易市场平台与太空总署建立的商业网络，形成全方位的技术交易网络。

3. 欧盟创新驿站网络

IRC欧盟创新驿站网络是1995年由欧盟创新计划资助成立的，其目的在于促进欧洲地区的研发机构与中小企业的技术转移，是一个泛欧洲的技术交易市场平台。IRC总部设于卢森堡，利用遍布30个国家、68个地区、超过250家技术创新中心的地理便利性，提供一对一的技术交易服务。通过网络工作平台的建设，IRC还提供跨国际的即时技术交易服务，对欧洲区域间的技术转移贡献颇大。

4. 德国史太白促进经济基金会

史太白经济促进基金会自1983年改组成专注于技术转移的机构后，发展成为国际化、全方位、综合性的技术转移网络，面向全球提供技术与知识转移服务，在全球60个国家和地区覆盖1 000多家专业技术转移中心的国际技术转移网络组织。其服务内容有咨询服务、研究与开发、培训和员工能力提升、评估与专家报告。服务的主要特色在于史太白基金会瞄准有能力支付服务费用的目标客户，着眼于挖掘客户的真实需求，有效地将技术创新与组织创新、管理创新进行融合，将新技术、新知识、新能力集成到现有客户的应用领域，帮助目标客户获得新技术、新产品、新工艺、新发展以及形成核心竞争能力，注重为客户提供有市场、有产品、有商机的增值服务。

5. 英国技术集团

英国技术集团目前被认为是国际技术转移的最大中介机构之一，最早经营政府资助形成的科技成果，后逐步发展成为从事技术转移的国际化、市场化、专业化中介机构，在推进知识产权和先进科研成果的商业化方面取得了突出成就。其主要服务内容：寻找、筛选、获得技术；开展技术转移；借助风险投资，以提高管理和经营的方式来帮助初创型公司快速成长，从而保护专利产品、知识产权，获取利益最大化；支持各种形式的技术开发。每年在全世界范围内从公司、大学、研发机构中预选 400 项技术和专利，从中筛选和评估出 100 项最有商业市场价值的技术项目，帮助实现专利申请或实施专利授权，强化专利运营，资助技术的进一步开发，达到实际应用程度再转让给买方。英国技术集团内部组织结构高效精简，200 多个雇员都是具有技术和商业知识的人才，其中半数以上是科学家、工程师、专利代理人、律师和会计师等，具有很强的技术市场、法律知识背景和丰富的实践经验。

6. 日本 Technomart

日本 Technomart 于 1985 年成立，是日本最著名的国家级技术交易市场平台。其前身为财团法人 Technomart，1997 年在通产省专利局支持下开始“特许流通促进商业”计划。为了继续增进发展技术转移促进地区的功能，于 2002 年 4 月重整后归入日本立地中心。Technomart 运作采用会员制，分为一般会员、情报会员与支持会员。会费分为入会费与年会费两种，依享受权益不同而收取不同的费用。会员可以通过 E-Technomart 登录该平台，并可优先参与 Technomart 所受理的各类技术研讨会与商谈会等活动。一般会员可利用 Technomart 新设立的技术交易中介平台联络专家与查阅资料库，进一步进行技术交易。

Technomart 的技术转移活动强调地域性的推动，并且侧重商谈与展览活动、技术信息网站以及技术交易服务人员实时联络等三大部分。

（二）国内知名的技术转移机构

1. 中国技术交易所

中国技术交易所（以下简称中技所）目前是中国最大的技术交易平台，成立于 2009 年。中技所采用公司化运行模式，立足北京，服务全国，是我国建立的具有国际影响力的技术交易中心市场，在专利拍卖、网络竞价、第三方交易托管以及科技金融产品等服务方面具有优势。2021 年全年完成科技成果转化、知识产权交易、科技融资、评价估值、政策咨询、股权激励、合同登记等各类项目近 12 000 项，成交金额 900 多亿元。

2. 中国科学院北京国家技术转移中心

2003 年 3 月 28 日，经原国家经济贸易委员会（简称国家经贸委）、教育部和中国科学院批准，由中国科学院与北京市人民政府共建成立中国科学院北京国家技术转移中心，专门从事技术转移、科技成果转化工作。该机构也是科技部认定的首批国家技术转移示范机构。北京中心自成立以来致力于整合院内外科技资源，并不断加强与地方政府、科研院所和企业的合作，形成以重大项目推进平台、首都科技条件平台、科技金融平台、国际技术转移平台、京外科技合作平台、知识产权平台及技术转移产业联盟为主体的“6+1”技术转移工作体系。该中心不断进行市场化探索，形成了以“科技智库、科技金融、科技培训、科技孵化”四轮驱动的市场化业务体系。

3. 国家知识产权运营公共服务平台

2014 年，财政部会同国家知识产权局启动以市场化方式促进知识产权运营服务工作，着力推动构建“平台 + 机构 + 资本 + 产业 + 人才”五位一体的知识产权运营服务体系。国家知识产权运营公共服务平台秉承公共服务与市场运作相结合的建设思路，以“数据为基、信用为根、服务为本”为宗旨，通过提供创新全链条的知识产权运营服务，打造全要素的知识产权运营生态圈。国家平台以信息流、业务流、资金流互联互通为目标，着力打造一个开放、多元、融合、共生、互利的良性运营生态系统。

第三章　知识产权的权利限制与冲突

权利意味着自由，权利人既有行使的自由，也有不行使的自由。但任何权利皆应受到限制，没有不受限制的权利。对知识产权进行限制是为了实现知识产权法利益平衡的基本机制，从而平衡知识产权人和社会公众利益的关系。

知识产权权利冲突是指同一知识产权客体依法衍生的两项或两项以上相互矛盾或抵触的权利并存现象的指称，它并不是一类民事案由，在实践中原告也几乎没有以构成权利冲突为由提起诉讼的，而是以其相应的知识产权，主张被告的行为对其构成侵权或不正当竞争，权利冲突更多地源于被告的不侵权抗辩。

第一节　知识产权权利限制概述

权利限制问题的提出，是知识产权制度本身发展与完善的必然结果与要求，是对现阶段知识产权保护状况与经济发展的具体反映。知识产权的限制与知识产权的权利限制两个概念是有差异的，前者的范畴大于后者。本节基于权利限制的概念进行讲述。

一、知识产权权利限制的概念

知识产权的权利限制是指法律对权利主体行使其知识产权的行为进行约束。这也是知识产权限制制度的重要组成部分，且为人们所关注。在知识产权法律制度发展与完善的过程中，相继产生了一系列权利限制制度，如合理使用、法定许可、强制许可、权利穷竭、反向工程、公共秩序保留、善意侵权等制度。

有观点从广义上将知识产权的限制定义为对知识产权的权利构成因素及其权利行使所给予的合理的、适当的约束。其中，知识产权的权利构成因素限制，是指法律对知识产权的权利构成因素给予了限制，包括权能的限制、时间的限制、主体的限制、对象的限制等方面。知识产权行使限制是指法律对知识产权人行使知识产权的行为进行限制，主要包括非自愿许可、合理使用、在先使用、权利用尽、善意侵权等情形。而在更广义上，对于知识产权行使的限制除包括其他法律对于知识产权行使的限制，既有来自公法上的约束，如竞争法（包括《反不正当竞争法》与《中华人民共和国反垄断法》）的规制，也有来自私法上的约束，如《中华人民共和国物权法》对于物的知识产权处理的干涉。本章论及的知识产权限制是指对知识产权行使的限制，包括知识产权内部的限制与外部的竞争限制，也就是说有了权利之后的限制，而不是获取权利过程中的限制。

二、知识产权权利限制的正当性

维持与保证知识产权人、使用者和社会公众利益的平衡，是知识产权权利限制的指导思想，也是其正当性所在。我国的知识产权法在一般条款中都作出了对应规定。例如，《著作权法》规定：著作权人和与著作权有关的权利人行使著作权，不得违反宪法和法律，不得损害公共利益。[①]

这种限制是赋予知识产权必须付出的代价。当然，选择权利限制时应当考虑社会经济发展水平、科技发展水平和权利限制引发的成本。权利限制是国际公约与各国知识产权法的普遍做法。国际公约对此的规定主要包括下述几个方面：第一，直接限制权利人的实体权利，确立义务人的实体权利；第二，授权各国政府根据国内的特殊情形规定知识产权权利的限制或例外；第三，授权各国政府无须基于特殊情况规定知识产权权利的（程度、期限、数量）有限的例外；第四，明确各国政府有全面权力管理权利滥用或限制竞争行为，任何知识产权保护规定都不阻止各成员政府对知识产权滥用或限制竞争行为进行预防或控制；第五，各成员可以决定未经权利授权的其他使用，即所谓强制性许可；第六，发展中国家享有的特殊权利。这些规定表明，对知识产权权利的限制，具有坚实的法律依据和政策基础。在知识产权权利限制的方法上，既可以是知识产权法本身的限制，如合理使用制度，也可以是基于其他社会政策的限制，如对生命健康的保护或对公共利益的促进。

知识产权权利限制问题的提出与解决，从制度发展的过程看，是知识产权立法不断完善的结果，反映了知识产权制度的发展规律，并非知识产权保护的减弱或后退。知识产权制度的发展带有一定的规律性、阶段性、平衡性和技术性。原因主要包括四个方面：第一，任何权利都不是绝对的、无限制的，权利人在行使权利的同时，必须承担一定的义务，知识产权也不应例外；第二，法律在规定公

---

① 刘东进．著作权法[M]．北京：中国科学技术出版社，1993．

众尊重和保护知识产权的义务的同时，也应赋予公众分享知识产品给社会带来的利益的权利；第三，发明创作人在创新过程中，不可避免地要吸收前人的智慧和历史文化遗产，因此应在一定程度上服务于社会，回报社会；第四，知识产品的价值只有通过社会传播与利用才能体现。只有对知识产权进行必要的限制，才能防止知识产权因滥用而阻碍作品的传播，影响文化事业的发展和科学技术的进步。

权利及其限制是一个对立统一体，是事物的两个方面。在顾及第三人合法利益的前提下，知识产权权利限制应做到以下两点：①知识产权权利限制不应与权利人的正常利用相冲突；②知识产权权利限制不应不公平地损害权利人的正当利益。从整个知识产权制度的发展看，代表权利人利益和公共利益的两种利益的平衡处于不断调整中，从某种程度上说，保护与限制的不同倾向性始终处于不停摇摆的运动状态，保护与限制的平衡是一个动态平衡。在整个过程中的某一阶段，保护的倾向性可能比较明显；在另一阶段，限制的倾向性可能更突出些。而且知识产权与技术发展密切联系，技术的不断发展与革命，确立并限定新技术的知识产权，必然引起新的利益的界定与协调。如计算机技术的发展，就引发了临时复制是否属于侵犯著作权行为的争论。

第二节 知识产权的权利冲突分析

一、知识产权权利冲突的概述

合法取得的权利之间也会发生冲突。由于知识产权具有权利内容的多元性与多重性的特征，同一知识产品上可以同时存在两项或者两项以上的权利，如果这些权利为不同的主体享有，就会产生权利冲突。

（一）知识产权权利冲突的概念

所谓知识产权的权利冲突，是指两个或者多个由不同主体合法取得的，基于同一知识产品而产生的知识产权之间的利益矛盾或者权利抵触。换言之，只要由同一知识产权对象衍生出分属于不同主体的在先权利与在后权利，并且在取得上都有相应的法律依据，即可构成权利冲突，与在后权利人取得权利的主观态度（是否出于善意）无关。同时应力图排除主观因素对权利冲突判定的影响，反思侵权性冲突的协调与救济，寻求更为合理的解决方式与原则。另外有观点认为知识产权的权利冲突还包括知识产权与其他民事权利的冲突，包括但不限于知识产权和人格权的冲突、知识产权和物权的冲突，因其属于广义上的知识产权权利冲突，本书对此不予详细探讨。

有学者认为，构成权利冲突的各个权利不仅在形式上合法，实质上也应合法。如果在后权利的取得是以侵犯他人在先权利为基础的，那么虽然在后权利的取得在形式上具有法律依据，但它是一种虚拟的假象权利，不应产生新的权利。因此在这种情况下，在后权利并不能与真正的在先权利发生冲突，而是权利人与侵权人的冲突。其实，研究权利冲突应该立足于冲突发生时的情形来分析，在后权利与在先权利的冲突是发生于在先权利的法律关系当中的，只要未经有权司法机关或者行政机关的处理，就不能说这个存在争议的在后权利是假象权利，是不存在的。在研究权利冲突时的一个基本共识是，权利冲突是指合法性、正当性权利之间所发生的冲突。

（二）知识产权权利冲突的特点

知识产权权利冲突具有自身的一些特点，这些特点也是知识产权权利冲突构成的要件：

①相互冲突的知识产权对象是同一知识产品。正是因为相互冲突的知识产权共同指向同一知识产品，才有可能引起利益的相互排斥或权利的相互抵触。因此，同一知识产品是发生知识产权权利冲突的前提和基础。由此从属专利与基础专利之间的冲突就不是权利冲突。因为这两个专利权并不是基于同一知识产品产生的，相对基础专利，从属专利具有创造性，增加了新的技术内容，两者不是同一个技术方案。不是基于同一知识产品的冲突的例子还有原作品与演绎作品的冲突。

②相互冲突的知识产权分别属于不同主体。知识产权权利冲突产生于两个或者多个权利主体对于同一知识产品的权利的相互冲突和排斥。如果相互冲突的知识产权归属于同一权利主体，各知识产权所带来的利益都归属于同一主体，那么就不会产生利益的相互冲突了。

③相互冲突的知识产权都是经合法程序取得的，尽管这种合法性可能只是形式上的。在知识产权权利冲突所涉及的法律领域，发生冲突的知识产权往往都是合法的知识产权，至少在消除行政授权之前处于合法状态。

④相互冲突的知识产权存在利益矛盾或权利抵触。这里讲的冲突主要是指法律的冲突而未必是事实冲突。如《武松打虎图》案中，两个权利主体事实上是可以和平相处的，因为商标权与著作权的行使方式各不相同，互不妨碍，并不会影

响到各自的权利行使，但是商标权人擅自将他人享有著作权的作品申请注册商标，没有尊重著作权人的意愿，也没有使著作权人从中获得利益。

（三）知识产权权利冲突的产生原因

知识产权权利冲突比较突出的原因：

①同一知识产权对象能够而且常常存在多种知识产权，如作品、商标以及外观设计等，它们的构成都可以是文字、图形，甚至是三维标志等。

②现行的分散立法模式也为知识产权权利冲突提供了制度基础。这种分散的立法无疑可能将同一对象从不同的角度进行不同的规范，从而导致知识产权权利之间协调困难，最终出现权利冲突。①

③审查程序不严谨。如实用新型专利申请和外观设计专利申请仅仅进行初步审查，所以很容易出现同一技术或者设计方案被多次授予专利权，并分属不同主体。

④历史原因。如2006年4月的天津狗不理集团有限公司与济南天丰园饭店“狗不理”包子案中，济南的天丰园饭店是长期经营“狗不理”包子的店铺，并在长期经营中逐渐成为当地著名的商标。但是作为原产地的天津，“狗不理”包子的特有名称权便与济南的“狗不理”包子的商标权发生冲突。

⑤在实践中，一些经营者为了“搭便车”，不惜引人误认或误解而将同一或类似知识产权对象依照法定程序申请获得了与原权利人相同或者不同的知识产权，为自己本应构成侵权的行为披上了合法的外衣。

（四）知识产权权利冲突的分类

由于知识产权的种类丰富，其权利冲突的表现也因此复杂多样，不但可以发生在同一类别的知识产权之上，也可以发生在不同类别的知识产权之上。

1. 同一类别的知识产权权利冲突

同一类别的知识产权权利冲突，是指就同一知识产品被多个主体享有同类知识产权的现象，如专利权与专利权、商标权与商标权、著作权与著作权之间的冲突等。要注意的是，对于同一知识产权类别下不同的子项权利，也属于同一类别的知识产权权利冲突，如发明与实用新型之间，服务商标与产品商标之间（主要出现在一方是驰名商标的情形下），证明商标与普通商标之间。

---

① 何敏．知识产权法总论[M]．上海：上海人民出版社，2011．

2. 不同类别的知识产权权利冲突

不同类别的知识产权发生权利冲突，主要是由于作为一类知识产权的对象可用作另一类知识产权的对象，如果其中一类知识产权人未经另一类知识产权人的授权而使用其知识产权的保护对象作为另一类知识产权申请授权的知识产品，就会造成这样的冲突。通常造成这种情形的主要原因是一些人的法律意识不强，认识不到自己的行为是侵权行为。当然，也不排除少数人有逐利意图而故意侵犯他人的知识产权。要注意的是，这一类型的权利冲突，并不强调两者的知识产品完全对应，如将他人的软件、集成电路布图设计等作为自己发明的一部分申请专利权，也会发生权利冲突。

二、解决知识产权权利冲突的原则

权利冲突的实质是利益冲突，解决权利冲突的过程就是一个对冲突着的利益进行衡量和取舍的过程，同时也是一个价值选择的过程。由于知识产权权利冲突的发生、判断与解决是一个复杂的过程，解决知识产权权利冲突问题需要遵循一定的纠纷解决原则。一般情况下，当遇到两个权利相互冲突时，通常会考虑、比较这两个权利的性质，看某一权利是否有被优先考虑的性质。关于知识产权权利冲突的纠纷解决原则，不同学者有不同的看法。但一般而言，依照诚实信用原则、保护在先权利原则、利益兼顾原则等进行立法与司法，有着较大范围的共识。

值得注意的是，对于审理标识类知识产权权利冲突时，除了上述原则，还要坚持避免混淆原则。

（一）诚实信用原则

诚实信用原则被称为民法中的“帝王条款”，它要求民事活动的当事人在行使权利和履行义务时，应当遵循诚实信用的标准。这可以认为诚实信用原则统领着下属各项具体原则。运用诚实信用原则解决知识产权权利冲突的理由在于，知识产权权利冲突纠纷属于民事纠纷的一种，处理民事纠纷的一般司法原则当然适用于该类纠纷。

诚实信用原则要求权利人在取得权利和行使权利的过程中，均要遵循诚实信用原则，不得以不正当手段获取利益，也不得滥用权力。一方面诚实信用原则要求民事主体在进行民事活动中主观上是善意的，它约束在后权利人，要求在后权利人一方面在取得权利的过程中不得具有不正当意图，对他人在先权利尽到避让义务，另一方面在行使权利的过程中也应当充分尊重在先权利，对在先权利给予足够的容忍和保障；它也约束在先权利人，要求在先权利人规范合法地行使权利，不得滥用权力，不得利用其在先地位获取不正当利益。

对于当事人出于不当目的、采用不正当手段取得的权利或者权利人通过正当手段取得权利后滥用权利的行为，必须予以制止。知识产权权利冲突的双方依据不同的法律取得了两种不同的权利，并且都在权利取得后的相当长时间里诚实、善意地行使自己的权利，则可以允许这种权利冲突的状态存在。例如，在先使用的未注册商标与已注册商标冲突的情况下，对于恶意抢注的行为依民法侵权行为理论予以制止；而对于善意抢注的行为则允许冲突的商标继续存在，只是须对商标的使用加以条件限制，以示区分。

如果在先权利人在明知或应知其权利受到侵犯时不积极主张权利，反而在过了相当长时间，待在后权利人建立起相当市场信誉或在后权利增值到相当程度后再主张权利的，则属于权利滥用，该种情况下也可以适用补偿法则。

（二）保护在先权利原则

这里所说的在先权利是相对于在后权利而言的，在同一知识产品之上先产生的权利较之于后产生的权利，即为在先权利。保护在先权利是处理知识产权权利冲突最基本的一项法律原则。权利产生在前的应受到保护，在后产生的则不能对抗在前产生的知识产权，体现的是谁先取得知识权利就先保护谁的“先来先得”精神。最高人民法院《审理专利纠纷案件适用法律问题的若干规定》明确规定：人民法院受理的侵犯专利权纠纷案件，涉及权利冲突的，应当保护在先依法享有权利的当事人的合法权益。《商标法》也规定申请注册的商标不得与他人在先取得的合法权利相冲突。

需要指出的是，在后权利在权利的产生上并不必然与在先权利相冲突。如某著作权人许可某厂商将其美术作品申请商标注册，著作权人对该作品的在先权利与厂商作为商标权人的在后权利就是和平共处的。至于非法存在于他人合法在先权利基础上的在后权利，如擅自将他人作品进行商标注册后产生的商标权，就是一种有瑕疵的民事权利。根据保护在先权利原则，该权利可以被撤销或部分撤销，而且该在后权利的行使必然会侵犯他人的在先权利，因而还应对其侵权行为承担民事责任。

（三）利益兼顾原则

虽保护在先权利原则是基本原则，但有些例外情况，尤其是在后权利存在正当性或者在后权利已经获得应当加以保护的利益时，保护在先权利原则并不能完全公平合理地解决权利冲突。在该种情况下，应当从公平合理的角度出发，给予各方利益足够的兼顾，在考虑利益最大化的情况下，以更灵活的方式处理权利冲突。如对于善意取得权利的情形，一方面要保护在先获得权利的一方，在先权利人可在原有范围内继续使用；另一方面，在后权利方同样可以行使其权利，但双方的使用应当加上标记，以区分不同来源，限制各自的使用范围及使用方式，防止造成混淆或冲突。

从法律经济学的角度看，法及法所保护的权利都是具有效益的。就同一法律规则而言，法学家维护的是“公正”，经济学家维护的是“效益”。当两项权利发生冲突时，单纯从公正性考虑往往不利于有关知识产品的效益最大化；反之，简单地从经济效益角度考虑，又会导致社会的畸变，误入法律虚无主义的泥潭。因此，有关执法人员和冲突当事人双方，要考虑在维护法律公正性的前提下，使权利客体综合效益最大化。解决纠纷时要兼顾个人利益和公共利益、兼顾各权利人的利益，以使不同的知识产权各得其所、相互协调，使知识产品得到最佳利用。如在后权利在在先权利的基础上已经增添了新创造的价值的情况下，如因权利冲突就撤销在后权利会引起不经济的后果，并不是最佳选择。在《武松打虎图》著作权与商标权冲突案中，山东景阳冈酒厂的注册商标权为在后权利，该权利是在侵犯著作权的基础上产生的有瑕疵的权利，最后于 1997 年被商标评审委员会撤销，而此前该注册商标已使用多年，享有一定的知名度，该厂的损失实际上是非常惨重的。如果在该商标被培植为驰名商标以后再发生这样的事件，受到的损失将更大。对于《武松打虎图》这类商标权而言，这种新价值就体现为在原有作品的基础上，使得该作品凝聚了使用者的商誉，也使得相关公众将其与特定的商品或服务提供主体之间建立联系。解决冲突不在于消灭某个权利，重点在于规范权力的行使。对于该案而言，如果由被告向原告赔礼道歉、赔偿损失后，再由被告与原告达成许可协议，维持被告获得的已具有一定知名度的商标权，综合效果要好得多。

（四）坚持公平竞争原则

维护公平竞争是知识产权保护制度的重要价值目标，在处理知识产权权利冲突问题上，也应坚持这一点。这一原则排除了以欺诈、仿冒、引人误认或误解等方式利用他人市场信誉与优势获取经济利益的合法性，也排除了因恶意仿冒他人知识产权或欺诈知识产权主管部门而取得权利的合法性。

值得注意的是，维护公平竞争原则与知识产权独立原则并不矛盾。根据权利独立原则，每一项知识产权都作为一项独立的权利，在法律设定的边界范围内受到尊重和保护，这种保护不因知识产权取得方式上的不同而不同，无论是不须登记或授予而经使用所产生的知识产权，还是经依法申请登记或授予所产生的知识产权，在权利保护上不应有所区别。当然，知识产权的“知名度”在解决知识产权权利冲突中可能会产生一定作用，如驰名商标的特殊保护就是一般注册商标所不及的。其实，这正是维护公平竞争的需要。

TRIPS 第 8 条规定：成员在制定或修订其域内法律和条例时，可以采取必要措施保护公共的健康与教育，对其社会经济与技术发展至关重要领域中的公共利益成员可采取符合本协议规定的适当的措施来防止权利人滥用知识产权，防止不合理限制贸易或者反过来影响国际技术转让的不当做法，只要该措施符合本协议的规定。这些规定的本意，就是成员国在保护知识产权的同时，可以以保护公共利益为目的，限制知识产权的滥用。从市场竞争的角度看，其含义就是在保护知识产权合法垄断的同时，应当维护市场公平竞争秩序。这实际上就是要求法官根据民法公平原则的精神，正确界定冲突双方所从事的行为是否符合市场竞争规则，即属于正当竞争或者不正当竞争。

第三节　知识产权内部权利的限制

权利行使的限制是权利限制的重要方面。鉴于对知识产权行使的限制主要是通过知识产权法自身有关的规范来实现，根据知识产权法规定及其不同特征，存在不同的情形。

一、基于公共利益的限制

知识产权法市场本位的直观表现是促进知识产品创造、知识产权市场交易和知识产品利用，提高国家核心竞争力。为了防止专利权人滥用专利权，维护国家利益和社会公共利益，专利实施强制许可制度、从属专利的强制许可、专利推广应用制度。集成电路布图设计权的非自愿许可制度、植物新品种强制许可制度等，也有异曲同工之妙。

著作权法中也有法定许可的多种情形的规定。强调直接依据著作权法的规定，行为人即可使用著作权人的作品，而不必征得著作权人的同意，但仍应向著作权人支付报酬并尊重其权利。《伯尔尼公约》和《世界版权公约》还规定了特别的强制许可制度，即发展中国家在遵守规定条件的前提下，为了教学、学术活动和研究，允许用本国通用语言出版外国印刷作品的译本，或者在系统教学活动中使用此种外国印刷品的复制本。

二、基于合理使用的限制

（一）合理使用的概念及特点

合理使用是指在法律允许的条件下，可以无须取得许可，也无须支付报酬地使用他人受知识产权保护的知识产品。

知识产权的合理使用主要有以下几个特点。

①合理使用须有直接的法律根据。只有在法律作出了明确规定的情形下，使用人才可在法律允许的范围内自由使用有关的知识产品。由于合理使用是对知识产权人的权利限制，为了避免权利人利益的重大损失而导致权利人利益和社会公共利益失衡，应限制合理使用的适用范围。

②合理使用无须向知识产权人支付使用费，这也是合理使用与非自愿许可的最大区别。一般而言，使用他人的财产应当取得许可，并支付报酬。但是考虑到知识产权对象不仅关系到个人财产权利的满足，而且与社会科技事业的进步息息相关，因此在某些特定场合，应允许合理使用。

③合理使用不得损害权利人的合法利益。如果是商业性使用或以营利为目的的使用，则损害了权利人的合法权益与创造积极性，最终将损及公共利益，这也违背了公平原则。所以，合理使用一般是出于学习与研究、教育、科学实验等目的。

（二）知识产权合理使用制度的法律价值

任何知识产品都是在前人的智慧和文化遗产的基础上创造完成的，同时又是促进全社会科技进步、文化和经济的发展与繁荣所必需的。因此，知识产权人对其知识产品的控制权不应当是绝对的和无限制的。知识产权合理使用制度，是公平主义哲学观的体现。首先，一个好的发明创造或一部优秀作品，既是创造者个人创造出来的知识成果，也是前贤今人文明成果的再现和升华，故创造者理应对社会有所回馈。其次，对知识产权的保护，需要社会投入一定成本，因此，知识产权的边界应受到一定的限制，以满足社会公众对于知识的正常需求。

知识产权合理使用制度也是效率价值观的体现。所谓效率，是指以最少的资源（包括自然资源和人的资源）消耗取得同样多的效果，或用同样的资源消耗取得最大的效果。公平主义哲学下知识产权合理使用制度有助于法律秩序的形成，而良好的秩序必然会促进社会整体效率的提高，以实现社会的发展与进步，同时，也确保了知识产权人的合法权益得以顺利实现，对其创造性也是一种鼓励，有助于提高效率。

（三）知识产权合理使用的表现范围

知识产权的合理使用是知识产权利益平衡的直接应用，在不同的知识产权中均有相应的法律规定。

1．基于知识传播与创新的合理使用

世界各国知识产权法律制度之立法宗旨虽有所殊异，但都努力促进社会科学技术进步与文化、经济事业的繁荣，保障社会知识资源共享，其着眼点在于维护社会公益。[①] 鼓励为科学研究、发展教育目的而利用知识产品，以推动社会科技进步和文化教育事业的发展。

各国专利法普遍规定了“为科学研究和实验而使用他人专利的”，不视为侵犯专利权。日本《专利法》第69条规定专利权的效力，不涉及目的在于试验或研究的专利发明的实施。法国《专利法》第30条规定专利权人无权反对限于为实验专利发明而完成的行为。英国《专利法》第60条第5款第2项规定“不经专利权人同意、为非商业性的实验目的而使用他人专利”为合理使用。

《著作权法》规定的合理使用情形中，也有同样的考量，如为个人学习、研究使用他人已经发表的作品。《计算机软件保护条例》也规定为了学习和研究软件内含的设计思想和原理，通过安装、显示、传输或者存储软件等方式使用软件的，可以不经软件著作权人许可，不向其支付报酬。还有《集成电路布图设计保护条例》也明确规定，为个人目的或者单纯为评价、分析、研究、教学等目的而复制受保护的布图设计的，不属于侵权行为。

此外，任何人均可以利用授权品种进行育种及其他科研活动，也就是说，可以将授权品种的繁殖材料用于培育新的品种，也可以将繁殖材料用于其他科研活动。科研特权目的在于形成一个宽松的创新环境，保障农业科技人员开展正常的科学研究。

在这里，应当注意反向工程的问题。反向工程在司法解释中的定义是通过技术手段对从公开渠道取得的产品进行拆卸、测绘、分析等而获得该产品的有关技

① 高华，焦洪涛．专利权合理使用制度研究[J]．科技与法律，2002（2）：66-71．

术信息。如在评价、分析他人布图设计的结构、功能和制造工艺的基础上，独立创作出新的具有独创性的布图设计，可以不经布图设计权利人许可，不向其支付报酬。计算机程序的反向工程是指通过反汇编或反翻译，来确定一个计算机程序的构想、原理或设计方面的信息的过程。欧洲共同体在1991年通过的《计算机程序法律保护的理事会指令》中明确允许在一定条件下进行反编译，成为世界上首例有条件承认软件反向工程合法地位的立法。但是，合法的反向工程本身也必须满足一定的条件。首先，构成反向工程的行为，其直接目的必须是对他人的布图设计进行分析、评价、用于教学或在他人布图设计的基础上创作新的布图设计。其次，对在反向工程过程中复制的他人的布图设计不能进行商业利用。最后，利用反向工程所创作出的新的布图设计必须符合独创性的要求。

2. 基于非生产经营目的的合理使用

非为生产经营的目的而进行的使用，使用人不会从使用权利人的专利中获得商业利益，不会损害专利权人的市场或经济利益，因此，从法律经济学观点来看，为了不增加社会成本，应当允许这种不支付报酬地使用他人专利的行为。

如《著作权法》中规定：为学校课堂教学或者科学研究，翻译或者少量复制已经发表的作品，供教学或者科研人员使用，属于合理使用，可以不经著作权人许可，不向其支付报酬，但应当指明作者姓名、作品名称，并且不得侵犯著作权人依法享有的其他权利，不得出版发行。

商标的合理使用也普遍存在于非商业领域。由于这种使用一般不涉及商业利益，更不易造成商品的混淆，所以产生侵权的机会并不大。例如，在正常评论、研究中使用该商标。这主要指在平面媒体或其他媒体中引用该商标进行报道或客观评论。这种使用并非频繁为之，也没有“搭便车”的嫌疑，当属合理使用。在字典中使用该商标，此种使用应当尽到必要的注意义务，说明来源，不应使公众误认为该商标是通用名称。

3. 基于言论自由的合理使用

这点在滑稽模仿（又称戏仿）中有着典型表现。由于商标、作品等日渐成为当代社会中渗透力极强的重要因素，许多作家和演员常常引用某些商标、作品的符号来针砭时弊，进行艺术创作。如贺岁片《大腕》就借助许多知名品牌对社会现象进行讽刺，还有《一个馒头引发的血案》对于电影《无极》的评论。这种艺术化的使用只要不对商家以及其他权利人的名誉造成损害，就属于合理使用的范畴。

4. 基于表达有限或通用的合理使用

《计算机软件保护条例》规定：软件开发者开发的软件，由于可供选用的表达方式有限而与已经存在的软件相似的，不构成对已经存在的软件的著作权的侵犯。即明确表明在可供选用的表达方式有限的情形下，独立创作的软件即使与已经存在的软件相似，也不构成侵权。

我国的《商标法实施条例》规定：注册商标中含有本商品的通用名称、图形、型号，或者直接表示商品的质量、主要原料、功能、用途、重量、数量及其他特点，或者含有地名，注册商标专用权人无权禁止他人的正当使用。

5. 基于指示性的合理使用

所谓指示性的使用，是指为了使一般公众了解与知识产权权利人及其知识产权有关的真实信息，而在生产经营活动中使用他人知识产品的情形。例如，与对地名商标和描述性商标合理使用不同的是，在指示性使用的情形下，被控侵权人使用原告的商标是用来指代原告的商品或者服务，而非指代被控侵权人自己的商品或服务，尽管最终仍是为了描述被控侵权人自己的商品或服务。

使用他人知识产品是否属于必要、合理，在判断是否属于指示性使用中尤为重要。要构成指示性合理使用必须符合三个条件：①若不使用该知识产品将无法表示其使用的用途或特征；②其使用必须在合理的、必要的限度内；③在使用的不得暗示其与知识产权人存在赞助或者许可关系。

6. 基于特别待遇的合理使用

这里主要是指农民特权，农民有权自繁自用授权品种的繁殖材料，即农民有权把授权品种的收获材料作为自己土地上使用的繁殖材料。自繁自用应理解为农民自己繁殖授权品种的繁殖材料并且自己使用，不包括农民为销售目的而繁殖授权品种的繁殖材料。

农民特权问题是植物新品种国际保护中的一个分歧所在，反映了发达国家和发展中国家不同的利益追求。《国际植物新品种保护组织（UPOV）公约》（1978 年文本）规定：除非出于公共利益考虑，育种者可不受限制自由行使所给予的独占权利。实际上默认了农民特权是出于公共利益考虑的强制性例外，但 UPOV1991 文本却将农民特权由强制性例外变为非强制性例外。这样强化了对育种者权利的保护，弱化了对农民权益的保护，强调了对商业性的追求。我国是一个农业大国，维护农民的利益是一个关系国家稳定的重大问题，因此我国的《植物新品种保护条例》明确规定了农民特权。

三、基于商业流通需要的限制

商业流通已成为国家、地区与城市综合竞争力的重要因素。国家综合竞争力主要是生产力、流通力和文化竞争力的乘数，一个国家只有生产力没有流通力或流通力不强，不仅影响商品价值的实现，也会失去国家竞争力的基础条件。

（一）权利用尽

1. 权利用尽的概念与特征

权利用尽也称权利穷竭、首次销售，其基本的含义是指享有某种知识产权保护的产品，由知识产权人或其所许可的人首次销售或通过其他方式转移给他人以后，知识产权人即无权干涉该产品的使用和流通。以《专利法》中的权利用尽原则而论，当一个专利权人或者其许可的人将专利产品在市场中销售以后，他就失去了对该专利产品在市场的进一步销售的控制权。他人可以任意处置该专利产品，只要不损害专利权人享有的其他权利。权利用尽原则最早是由德国法学家柯拉（Kohler）提出的，其合理性在于消除知识产权的专有性对于商品自由流通所产生的负面影响，以促进贸易的发展。这一设计既维护了知识产权人对产品的获益权，又维护了含有知识产权的商品之购买人的利益，使知识产权与商品所有权处于平衡状态，从而均衡了知识产权所有人的利益和社会公众的利益，避免了贸易中的不公平竞争，为商品的自由流通扫清了障碍。

因为目前国际公约及各国立法均将知识产权的效力规定适用于流通环节，所以才不可避免要增加权利用尽的制度。权利用尽具有以下特征。

（1）穷竭权项的特定性

知识产权的“权利穷竭”是指特定权项的穷竭而非所有权项的穷竭。首先，被穷竭的不是人身权，而是财产权。知识产权中的人身权是不可分离、不可转让的，因此即使知识产权的财产权发生了转移或者消灭，知识产权的人身权仍然一直受到保护。其次，被穷竭的不是著作权、专利权或商标权本身，而是其子项，即权利群中的某项具体的与产品的销售或使用有关的权利。也就是说，专有权的穷竭仅仅是权利人在如何销售自己的产品这一点上丧失了权利。

（2）穷竭对象的特定性

权利的穷竭是针对每一件合法投入市场的具体产品而言的，而不是适用于同一类的所有产品或者同一系列的所有产品，它不会导致该项知识产权本身效力的终止。权利人对其尚未投放市场或被非法投入市场的产品仍然具有排他性的绝对权利，任何人未经许可仍然不得进行知识产品的复制。

（3）穷竭范围的特定性

知识产权的权利穷竭具有地域性的特点，一般来说，权利人在一国投放其知识产权产品并不会导致其产品在其他国家的权利穷竭。因此权利人仍然有权禁止他人未经许可进口其享有知识产权产品的行为。如奥地利的版权法规定：如果作者只同意过在某一特定领域销售其作品，则他对于进一步销售的专有权仅在该领域内丧失。

2. 权利用尽的规定与制度发展

在我国对于权利用尽作出明确规定的知识产权法主要有《专利法》与《集成电路布图设计保护条例》。我国没有对商标、作品、植物新品种等权利的穷竭问题进行明确规定，但实际上，权利用尽原则仍然适用于这些权利，这一原则是不言而喻的。比如，在版权领域，权利穷竭指的是“发行权一次用尽”。也就是说，对于经过著作权人许可而投放市场的作品复制品，著作权人无权再控制它们的进一步转销、分销等活动。另外，商标权的穷竭则是指商标权人对其合法投放市场的商品的进一步处分失去了控制的权利。而在其他国家和地区，权利用尽的明确规定则更为全面。比如，德国对于著作权的权利用尽就有明确规定：一件作品的原件或复制件，经有权在本法律适用地域内销售该物品之人的同意，通过转让所有权的方式进入了流通领域，则该物品的进一步销售为法律所认可。权利用尽制度上的变化主要表现在著作权领域。在电影作品、计算机软件上所发生的出租权制度冲击了原有的权利用尽制度，“以租代买”严重损害了著作权人和出版商的利益，因此立法者开始重新审视原有的著作权权利用尽制度，一些国家的法律便赋予了著作权人对作品的出租权，如我国《著作权法》规定的出租权。类似的还有公共借阅权，即公众到图书馆“以借代购”，图书馆的兴起也使作者利益受到严重损害，因此一些发达国家确立了公共借阅权制度（PLR）。公共借阅权是给予作家获取因公共图书馆免费出借其作品而获得报酬的一种法律权利。公共借阅权制度作为国家对著作权人的一种福利或补偿措施最早提出于1920年。丹麦于1946年首次正式将公共借阅制度加以实施。1992年11月19日，欧洲联盟（欧盟）理事会《知识产权领域中的出租权、出借权及某些邻接权的指令》（简称EC92/100）颁布，欧盟各成员国陆续对本国的借阅权制度进行统一立法。

物质载体的存在是著作权用尽制度得以创立的前提和基础，当作品（数字作品）的载体变成电子脉冲时，对作品的控制就无法通过对载体的控制来实现。这就使发行权和版权穷竭制度均失去了存在的前提和基础。在网络时代权利用尽制度何去何从，是很值得深思的。

3. 权利用尽与平行进口

平行进口合法与否，在理论上主要体现为知识产权的“权利穷竭”与权利地域性的冲突。各国实践的巨大差别及国际组织试图统一规定努力的失败说明了简单地谈“权利穷竭”或“地域性”显然已无济于事，挖掘两个原则背后隐藏的立法本意是非常必要的。

（1）平行进口的概念

平行进口是指未经国（境）内知识产权权利人的授权，将该权利人或其被许可人在国（境）外投放市场的产品向国（境）内进口，而该产品在国（境）内享有某种知识产权，如专利权、商标权、著作权及集成电路布图设计权等。由于该进口与进口国知识产权人的进口相对平行，故称之为平行进口。“平行进口”是国际贸易实务中的一种常见现象。因为其法律效力的不确定性，“平行进口”常被称为“灰色市场进口”。灰色市场这一术语多用在美国，而欧盟内则多用平行进口这一术语。根据美国判例法，“灰色市场商品”的含义为未经美国知识产权所有人同意而进口至美国的，在美国境外制造并包含了有效的美国知识产权的产品。

需要注意的是，平行进口的产品涉及进口国（以下所称的国家包括独立的关税区）的知识产权。但该产品在出口国有无知识产权，暂且不论。平行进口是相对于进口国权利人的进口行为，而且对平行进口合法与否的态度也由进口国决定。

（2）发生平行进口的原因

平行进口发生于国际贸易中，其主要原因是同一知识产品在不同国家市场的价格差。造成这种价格差的原因有很多，产品需求弹性、产品的生产成本、知识产权人的定价策略、国家的关税政策和关税水平等都会对产品的价格产生影响。平行进口商正是为了从这种价格差中赚取利润，才从知识产权人或其授权的人手中购买知识产品。

平行进口主要有三种表现形式：其一，甲在A国和B国都有某产品的知识产权，乙将甲（包括其他被许可人，下同）在B国投放市场的该产品进口到A国。其二，甲在A国有某产品的知识产权，但在B国无该产品的知识产权，乙将甲在B国投放市场的某产品进口到A国。其三，甲在A国有某产品的知识产权，甲在B国（无论有无知识产权）投放市场的该产品被销售到C国（也无论有无知识产权），乙从C国将该产品进口到A国。在这些情形中，产品平行进口通常都会对知识产权人的国内市场造成一定的冲击。同时，进口人“搭便车”，利用进口国经销商的商业信誉、广告宣传和营销投入等。一方面，平行进口商的行为有利于打破垄断，平抑价格，促进自由贸易，增进消费者利益。但是在另一方面，平行进口的行为会损害知识产权人的利益，特别是进口国知识产权被授权人的利益，而且平行进口行为也不总是有利于进口国消费者，因为其会带来削弱知识产权许可、转移的动力，不正当竞争，来源混淆和品质差异等弊端。

平行进口既是贸易自由的产物，又是专利权保护的重要问题。由于各国的利益、国情的不同，对此问题也有不同的规定。

（3）平行进口合法与否判断的理论困境

在目前的理论与实践中，绝大部分是利用知识产权的权利用尽理论来讨论平行进口的合法与否，并衍生出两个权利用尽的理论分支。第一种是权利国际用尽理论，即知识产权的权利穷竭不具有地域性，知识产权所有人或其被许可人生产的知识产品，在第一次投放市场后，权利人即在世界范围内丧失了对该知识产权的控制权，无论何人在何地使用或转售该产品，都无须征得权利人的许可，也不侵犯其知识产权。[①]而另外一种观点则主张权利国内用尽理论，即权利在一国的用尽，并不导致其在国际市场上的用尽，在其他国家知识产权仍然处于“未曾使用”的状态。权利人仍可以根据其在进口国取得的权利来对抗平行进口的商品。

TRIPS 对平行进口问题持中立态度，将其作为例外留给成员国或成员地区自由决定，充分说明平行进口问题的复杂性。而且，TRIPS 强调不允许成员国或成员地区在解决知识产权争端时，援用协议的任何条款去支持或否定知识产权用尽问题，以免使本来差距就很大的各成员立法，在有关争端中产生更多的矛盾。我国法律对于其他知识产权的平行进口合法与否没有明确的规定，但《专利法》直接规定了进口权也在首次销售中用尽，即意味着平行进口行为在我国专利法范围内成为合法行为。

尽管平行进口一直是知识产权法的热门问题，但从本质上来讲，平行进口问题是一个政策性问题。《欧盟竞争法》对限制平行进口措施的规制，为《中华人民共和国反垄断法》（以下简称《反垄断法》）在平行进口领域的适用提供了借鉴。在知识产权法与反垄断法的界限上，《反垄断法》第 55 条明确规定“经营者滥用知识产权，排除、限制竞争的行为，适用本法。”因此，生产商对平行进口的限制措施只要构成“排除、限制竞争的行为”，就可以适用《反垄断法》。在垄断行为的类型上，与欧盟法类似，第 3 条明确将“经营者达成垄断协议”“经营者滥用市场支配地位”列为垄断行为的类型，这样的规定既与以美、欧、日为代表的竞争法典型立法模式一致，符合国际立法趋势，同时也基本涵盖了限制平行进口措施的主要类型。因此，总的来看，《反垄断法》在对限制平行进口措施的规制

① 孙颖．平行进口与知识产权保护之冲突及其法律调控[J]. 政法论坛，1999（3）：61–66，126.

方面具有可适用性，应当予以高度重视，积极探索，充分发挥《反垄断法》在这方面的作用。

（二）临时过境

我国《专利法》规定：临时通过中国领陆、领水、领空的外国运输工具，依照其所属国同中国签订的协议或者共同参加的国际条约，或者依照互惠原则，为运输工具自身需要而在其装置和设备中使用有关专利的，不视为侵犯专利权。临时过境现仅在《专利法》中有规定，在其他知识产权法中暂无说法。

这一原则源自《巴黎公约》。《巴黎公约》第 5 条中规定了不应认为临时过境是侵犯专利权人的权利。很多国家专利法中都有此种规定。如日本《专利法》第 69 条规定了专利权的效力不涉及仅仅是通过日本国内的船舶或航空飞机或它们所使用的机械、器具、装置及其他物品。瑞典《专利法》第 5 条规定，尽管授予了专利，因定期交通或其他情况暂时进入瑞典的外国船只、飞行器或其他外国交通工具，仍可为其本身的需要而使用该项专利。如果各国对此没有规定，那么国际交往就会变得非常困难。而在事实上，任何参与国际生活的国家都会对这一原则予以认可。

临时过境的外国运输工具使用专利的合法行为，只限因运输工具自身需要的使用行为，而且在使用有关专利时，必须使用在运输工具的装置和设备中，如因修补运输工具损坏的零部件的需要而使用有关专利的行为，因提高运输工具性能的需要而使用有关专利的行为。所谓使用专利，是狭义上的使用，也就是利用专利用途的行为，不包括制造、销售、许诺销售或者进口等行为。

（三）善意侵权

善意侵权，也称为不知情侵权、无知侵权等，是指当事人没有合理的理由知道其行为侵犯了他人的知识产权。《专利法》第 77 条规定：为生产经营目的使用、许诺销售或者销售不知道是未经专利人许可而制造并出售的专利侵权产品，能证明该产品合法来源的，不承担赔偿责任。相似的规定也出现在《计算机软件保护条例》中。

善意侵权是一种侵权行为，只是不承担赔偿责任，但是要承担停止侵权等民事责任。值得注意的是，在上述规定出台之前，《集成电路布图设计保护条例》规定：在获得含有受保护的布图设计的集成电路或者含有该集成电路的物品时，不知道也没有合理理由应当知道其中含有非法复制的布图设计，而将其投入商业利用的，不视为侵权。前款行为人得到其中含有非法复制的布图设计的明确通知后，可以继续将现有的存货或者此前的订货投入商业利用，但应当向布图设计权利人支付合理的报酬。可见，《集成电路布图设计保护条例》将善意侵权不视为侵权行为，并且可以继续将现有的存货或者此前的订货投入商业利用，但应当向布图设计权利人支付合理的报酬。

从善意侵权的发展趋向来看，应该是趋向于善意侵权是一种侵权行为的态度，只是不承担赔偿责任。而《集成电路布图设计保护条例》的态度应该是较早的看法，可能在下一次修订时做出调整。

四、基于在先使用的限制

（一）在先使用的概念与产生原因

在先使用是指某人在他人就某一知识产品取得相应知识产权之前，已经先行使用该知识产品。在先使用权一般只在专利保护和商标保护中出现，对于著作权一般不存在在先使用权，因为著作权在作品的完成之时即获得著作权，而无须通过申请。

在先使用权的产生原因主要是知识产品的产生与权利的保护存在时间的不一致，一般是知识产品先产生，然后需要通过有关行政部门的审查才能获得相应的权利，而申请之前或许有其他人也创生了同样的知识产品，并且进行了产业应用或者做好了产业应用的准备，只不过申请在后甚至没有申请。另外，由于法制的发展，权利的保护往往落后于知识产品的产生，在某种知识产品纳入法律保护之前，知识产品早已产生，法律一方面要保护立法之后的知识产品，同样也要保护之前的知识产品。这样，就有必要协调与平衡前后的利益。

需要区分在先使用权和在先权利。在先权利是某一类民事权利的集合，该类民事权利依据产生的时间标准进行具有法律意义的划分，是基于同一保护对象而在时间顺序上优先依照法定程序获得或自然产生的某种民事权利。在先权利一方面表现为法律明文规定的权利，另一方面也可能是在先利益。

（二）在先使用权的表现

1. 专利

专利权的在先使用权，是指行为人在专利申请日前已经制造相同产品、使用相同方法或者已经做好制造、使用的必要准备，并且仅在原有范围内继续制造、使用的，其行为按照《专利法》规定不视为侵权。

要注意在先使用权与“新颖性”的冲突。在先使用权的产生源于处于一种秘密状态的先发明人的发明创造，并没有经由“表达”让世人得知，因此，社会无法从发明人的发明创造中受益。这样一种处于秘密状态下的发明创造，不能产生排斥他人正常使用同样的发明创造的权利，只能认为是先发制人的一种利益。因此，在先使用权仅仅是在专利侵权诉讼中被告用来对抗专利权的一种抗辩权。因此，这实际上是排他性的专利权（对世权）与在先使用权（对人权）的对抗。

2．商标

商标在先使用权是指在注册商标的申请日之前，就已经在该商标注册核定使用的商品或服务或者类似商品或服务上善意连续地使用与注册商标相同或者近似的商标，该商标使用人有权继续在原商品或者服务上使用该商标。这种继续使用权是一种限制的权利，如不得扩大该服务商标的使用地域，不得增加该服务商标使用的服务项目，不得改变该服务商标的图形、文字、色彩、结构、书写方式等内容（但以同他人注册的服务商标相区别为目的而进行的改变除外），不得将服务商标转让或许可他人使用等。

我国台湾地区有关商标使用的规定明确要求使用人的使用系出于“善意”，且限于“原使用之商品”，商标专用权人还可以要求其“附加适当之区别标示”。加拿大的《商标法》规定在先善意使用人可以请求法庭颁发命令，准许其以与注册商标区别开来的方式继续使用，但只有在法庭命令发布之日起 3 个月内向注册官申请与在注册商标有关的注册簿中登记的情况下才有效。我国没有普遍承认商标的在先使用权，只是有限地承认了服务商标在特定情况下的在先使用权。《商标法实施条例》规定：连续使用至 1993 年 7 月 1 日的服务商标，与他人在相同或者类似的服务商已注册的服务商标相同或者近似的，可以继续使用；但是，1993 年 7 月 1 日后中断使用 3 年以上的，不得继续使用。这一规定下，使得继续使用权的规定突破了原有的商标“专用权”的概念，形成了同一服务项目同一商标不止一人同时使用的局面，使服务商标的排他性不如商品商标那么严格。

第四节 知识产权外部的竞争法限制

竞争法包括两大部分：一为反不正当竞争法，二为反垄断法。经过 100 多年的发展，各国的竞争立法模式已基本定型，但是由于各国不同的社会制度、立法传统，竞争法在立法模式上可分为三种，即分立式、统一式和混合式。我国《反不正当竞争法》是一部主要调整不正当竞争行为、兼及部分限制竞争行为的法律，可以称之为综合的或混合的立法模式。我国 2008 年 8 月 1 日起施行《反垄断法》，2019 年修订《反不正当竞争法》，形成了分立式的竞争法立法体系。

《反不正当竞争法》和《反垄断法》都旨在维护市场竞争秩序，但它们的关注重点和保护对象有所不同。《反不正当竞争法》这部法律的主要目的是保护受不正当竞争行为损害的经营者的利益，维护公平竞争秩序。它关注的是竞争参与者的正当性和合理性，注重保护竞争者的利益。《反不正当竞争法》的理念是通过规范市场行为，防止不正当竞争行为的发生，维护市场经济的公平竞争环境。与之相比，《反垄断法》的立法目的和理念更加广泛。这部法律的主要目的是保护市场公平竞争，提高经济效率，维护消费者和社会公共利益。它关注的是竞争的有无和充分性，强调保障企业的公平竞争能力和机会，消除差别待遇。《反垄断法》的理念是通过限制垄断行为和不正当竞争行为，促进市场竞争，保护消费者权益，推动经济的健康发展。在调整的对象方面，两部法律也存在一些差异。《反不正当竞争法》主要针对的是不正当竞争行为，包括虚假宣传、商业贿赂、侵犯商业秘密等行为。它主要保护的是经营者的合法权益，维护公平竞争秩序。而《反垄断法》主要针对的是垄断行为和滥用市场支配地位的行为。它旨在保护市场竞争的公平性，防止市场垄断，促进市场的有效竞争。另外，《反不正当竞争法》和《反垄断法》所调整的民事法律关系主体、行为性质等方面存在异同。《反不正当竞争法》所调整的主体，主要是针对流通领域的商品经营者，而《反垄断法》除调整流通领域外，同时也调整生产领域中存在的垄断行为（包括境内和对我国境内市场竞争产生排除、限制影响的境外垄断行为）。

一、知识产权的反不正当竞争法限制

《反不正当竞争法》的出台，旨在推动社会主义市场经济的良性发展，鼓励、保障公平竞争，遏制不正当竞争，保障广大经营者、广大消费者的利益，具有重要的现实意义。竞争是指经营者之间的竞争，即两个或两个以上的经营者在市场上以较有利的价格、数量、质量或其他条件争取交易机会的行为。

将制止不正当竞争的内容纳入知识产权法的范畴，是国际公约与一些大陆法系国家的共同做法。早在 1883 年的《巴黎公约》第 10 条便规定了，成员国家有义务对该国国民保证给予制止不正当竞争的有效保护。1967 年《成立世界知识产权组织公约》直接将“制止不正当竞争的权利”作为知识产权的一项内容，与其他知识产权并列。要注意的是，尽管反不正当竞争与知识产权有着密切关系，但并非所有的不正当竞争行为都和知识产权有关，其中大量的行为（如虚假广告、低价倾销等）与知识产权毫无联系。笼统地说“反不正当竞争法属于知识产权法”，与事实不符。与知识产权有关的主要有两类：一是侵害知识财产的不正当竞争，二是滥用知识产权的不正当竞争。具体可分为4种类型：假冒行为、引人误解的虚假宣传行为、商业诋毁行为以及侵犯商业秘密行为。

《反不正当竞争法》作为对知识产权体系的重要补充和完善，对其进行了全面的保护和补救。凡发生在商业竞争领域的知识产权专项立法不能保护或者无力保护的，均可由《反不正当竞争法》来调整。在知识产权法没有明确规定的情况下，如专利法保护不到的商业秘密，商标法保护不到的未注册商标，版权法保护不到的作品名称，才能适用《反不正当竞争法》。

《反不正当竞争法》和《知识产权法》在保护方式和保护重点上存在明显的区别。《知识产权法》的立法目的是确立权利人的知识产权，保护其在法定期限内享有专有权利，防止他人未经授权使用、复制或侵犯知识产权。该法主要通过确立权利人的权益和提供法律保护，保障知识产权的合法性和独占性。《反不正当竞争法》的立法目的是通过确认竞争行为的公平性和正当性，它强调的是竞争行为的合法性和公平性，旨在维护公平竞争的秩序，保护经营者和消费者的合法权益。此外，造成损害并不一定存在不正当竞争。不正当竞争主要指的是经营者在竞争中使用不公平、不正当的手段，破坏公平竞争的秩序和规则。不正当竞争的行为可能会导致经济损失，但并非所有不正当竞争行为都会直接造成损害。《反不正当竞争法》其根本目的是要建立和维护一种自愿、公平、诚实信用和遵守公认商业道德的竞争秩序。因此，对于其他部门法不予保护的对象，是否应启动《反不正当竞争法》予以保护，一方面应以《反不正当竞争法》自身的立法目的为出发点，另一方面须考虑《反不正当竞争法》与其他部门法的衔接问题，避免《反不正当竞争法》的兜底保护破坏了其他部门法的立法原意。在保护知识产权的同时，确实需要注意对涉及公共利益或思想领域的内容不应过度保护。知识产权的本质是为了鼓励创新和保护创造者的权益，以推动科技进步和社会发展。然而，在涉及公共利益或思想领域的内容上，知识产权的保护应该更加审慎，并避免过度保护的情况。过度保护知识产权可能导致知识产权的滥用。某些权利人可能会滥用知识产权，通过扩大权利范围、滥用专利权或版权等权益，来限制竞争和创新。这种行为可能会阻碍其他企业或个人的进入市场，限制竞争的发展，甚至扼杀新技术的出现。

二、知识产权的反垄断法限制

知识产权垄断性的认识源于封建特许权的垄断性，但现代知识产权不具有与之相同的垄断性。知识产权确实并不等同于经济垄断，知识产权的目的是鼓励创新和保护创造者的权益，以推动科技进步和社会发展。在竞争市场中，竞争者通过提供更好的产品或服务、更高效的生产方式、更具竞争力的价格等方式来吸引消费者，从而获得市场份额和利润。如果一个竞争者通过不正当手段或滥用市场地位来限制其他竞争者的进入或发展，这种行为就被认为是垄断行为，会受到《反垄断法》的制裁。然而，当一个竞争者通过合法的市场竞争和创新壮大成为垄断者时，并不违反《反垄断法》的原则。这种情况下，竞争者的垄断地位是通过市场竞争获得的，而不是通过滥用权力或不正当手段获得的，这种情况能够促进其不断提升自身的竞争力和创新能力。

（一）知识产权与垄断的关系

知识产权和垄断之间的关系可以从两个层面来探讨。首先，知识产权本身具有一定的垄断性质。知识产权赋予创新者或创造者对其创新成果的独占权，使其能够在一定时间内独家享有利益。这种独占权使得其他竞争者无法在同一市场上提供相同或类似的产品或服务，从而形成一定程度上的市场垄断。其次，利用知识产权的专有性可能会实现经济垄断。然而，如果一个企业或个人滥用知识产权，通过不正当手段或滥用市场地位来限制竞争，这种行为可能会被认定为违反反垄断法的原则，受到相应的法律制裁。将知识产权的专有性直接等同于垄断性的立场，无法解释物权专有性为什么与“垄断”无关，也使得知识产权被无条件置于公平竞争的对立面并被视为造成垄断的根源。

作为一种与普通财产相同的私权，知识产权虽具有排他性，却不会引发《反垄断法》所规定的法律纠纷。它们之间并不存在必然的、内在的冲突关系。但是，通过强制性一揽子许可限制竞争、在许可合同中附加不合理条件、利用市场支配地位收取不合理许可费等都有可能违反《反垄断法》。

行使知识产权的行为如果限制市场竞争，将会受到《反垄断法》的规制。然而，滥用知识产权但未对市场竞争造成负面影响的行为，并不适用《反垄断法》的规制。在这种情况下，可以通过知识产权法和民事法律对滥用行为进行规制。而在判断涉及知识产权的反竞争行为是否违法时，应遵循《反垄断法》的原则和标准，而不是依据其他法律对知识产权的限制。

（二）知识产权领域反垄断中相关市场的界定

在对相关市场进行界定的过程中，应遵循相关市场定义的一般性原理，将相关产品与相关区域市场划分为两个基本维度，明确出相关商品市场和相关地域市场，并在此基础上兼顾一些特定问题。

1. 相关商品市场

相关商品市场是指根据商品的特性、价格及其使用目的等因素可以相互替代的一组或者一类商品所构成的市场。然而，对于知识产权而言，在狭义上，除对相关产品市场进行定义，还应根据其自身特征对其进行定义，进而确定与之相关的创新市场。

相关产品市场是指利用知识产权制造或者提供的产品（有体商品）与可替代的产品所构成的市场。对于知识产权领域的相关产品市场的界定可以从需求替代性与供给替代性两个方面进行考察。确定产品之间的可替代性可以考虑产品的物理性能和使用目的、价格、消费者偏好等。

相关技术市场的界定是一个复杂而关键的过程。这些市场由行使知识产权的技术与同类可替代技术之间的竞争构成。在界定相关技术市场时，需要综合考虑技术的属性、用途、许可费和兼容度等因素。技术的属性决定了它们在功能和性能上的差异，而技术的用途则反映了不同领域的市场需求和竞争格局，许可费的差异和技术的兼容度也会影响市场的界定。此外，知识产权的期限、需求者转向替代技术的可能性以及成本也是重要的因素。知识产权的期限决定了其他技术进入市场的机会，而需求者的转向和成本考虑则反映了市场需求和经济效益的变化。最后，判断技术是否与知识产权技术具有替代关系需要考虑当前和潜在的应用领域。技术在不同领域中的替代性将影响市场竞争格局和技术的市场定位。

相关创新市场是指为了未来新技术或商品的研发竞争而形成的市场。在界定相关创新市场时，需要考虑多个要素。首先，需要考虑的是知识产权，包括研发投入、资产和设施等，这些因素将影响创新市场的竞争格局和市场参与者的能力。其次，成本也是一个重要的考虑因素，因为研发过程中的成本会直接影响市场参与者的决策和竞争力。再次，考虑具备研发能力和动机的实体数量也是关键，这包括拥有核心研发人员和技术实力的公司或组织。最后，市场参与者的评价也需要考虑，包括他们的竞争策略、市场地位和市场份额等。

2. 相关地域市场

相关地域市场是指相关经营者供给或者消费者购买相关商品的地域范围，并且这一地域内的竞争条件基本一致，倘若超出此地域范围，则竞争条件将大不相同，从而形成明显的相邻地域市场间的边界划分。

影响相关地域市场的因素主要涉及运输成本、产品特性、消费者喜好、营销成本和市场进入的障碍等。除此之外，在界定知识产权相关地域市场时应当重视如下维度：①知识产权相关地域市场常常为被认定为授予国家垄断的区域或者知识产品厂商享有知识产权保护的区域；②知识产品的价值及消费者之搜寻成本、交通成本；③运输及相关成本，如保险和包装成本；④地区性差异，如贸易政策和关税税率等；⑤分析位于其他地域之下游知识产品供应商对涉案知识产品供应商之上游知识产品的定价行为所能达到的制约程度，以此作为衡量知识产品所涉及区域宽窄的标准；⑥其他诸如用户群体等因素。

在界定知识产权相关市场时，由于知识产品的无体性、虚拟性和边际模糊性，相关地域范围对其造成的限制并不明显。知识产权人的市场支配力在很大程度上并不会因为其所处的具体地理位置不同而发生相应变化。[①]

相关商品市场的界定是围绕利用知识产权制造的产品与可替代产品进行的。这意味着在界定相关商品市场时，重点考虑的是那些依赖于特定知识产权的产品以及与之竞争的可替代产品。相关技术市场的界定则是围绕特定技术与可替代技术进行的。这意味着在界定相关技术市场时，重点考虑的是那些特定技术与同类可替代技术之间的竞争关系。而相关创新市场的界定是围绕相关产品和技术的研发活动与可替代研发活动进行的。这意味着在界定相关创新市场时，重点考虑的是那些与相关产品和技术相关的研发活动以及与之竞争的可替代研发活动。需要注意的是，以上三类相关市场通常涉及相关地域市场，而各自的地域市场范围可能不同。这是因为不同地域的市场条件、需求和竞争环境可能存在差异，因此在界定相关市场时需要考虑地域因素。如此，就市场范围来看，就与区域相关的市场范围而言，产品市场、技术市场和创新市场都可被视为广义上的相关商品市场的维度和范畴，以回答事实上是哪些商品在市场上相互竞争的问题。由此，传统反垄断案件所侧重考量的相关地域市场因素得以弱化，取而代之的是对相关产品市场、技术市场和创新市场的认定具有了决定性的意义。

---

① 龙柯宇．滥用知识产权市场支配地位的反垄断规制研究[M]，武汉：华中科技大学出版社，2016．

（三）知识产权领域反垄断中滥用市场支配地位的行为

1. 市场支配地位

知识产权是一种私权、财产权，与物权类似，具有独占性和排他性，但其权利本身并不产生《反垄断法》上的问题，如无人问津的专利虽具有独占性和排他性，但不会形成市场垄断力。经营者具有市场支配地位是其滥用市场支配地位的前提。市场支配地位是指经营者在特定的市场上所具有的对某种商品领域一定程度的支配、控制力量，即在相关市场上所拥有的决定商品的数量、价格、质量等各个方面的支配、控制能力。①

知识产权人往往具有市场支配地位的主要原因。

①在相关市场上没有或缺少替代品。

②市场进入障碍。

③市场上没有或很少有竞争者。

④对价格的控制能力加强。②

知识产权人并不必然具有市场支配地位。认定拥有知识产权的经营者在相关市场上是否具有支配地位，应依据《反垄断法》相关规定或者推定市场支配地位的因素和情形进行分析。关于市场支配地位主要有四种认定标准：市场结构的认定标准、市场份额的认定标准、市场行为的认定标准、市场结果的认定标准。目前以市场份额的认定标准占据优势地位。所谓市场份额的认定标准，即将某一经营者在相关市场的占有率作为认定市场支配地位的标准。但是，市场份额不是确定市场支配地位的唯一因素，还必须考虑新的竞争者进入市场的障碍、对价格的控制能力、市场上竞争者的实力等。结合知识产权的特点，在认定经营者是否具有市场支配地位时还可具体考虑以下因素：

①交易相对人转向具有替代关系的技术或者商品等的可能性及转换成本。

②下游市场对利用知识产权所提供的商品的依赖程度。

③交易相对人对经营者的制衡能力。

2. 滥用市场支配地位排除、限制竞争的行为

法律并不禁止经营者具有市场支配地位，特别是不禁止经营者通过合理的竞争来获取市场支配地位，但是却严格禁止具有市场支配地位的经营者通过滥用市场支配地位来实施排除、限制竞争的行为。③保护知识产权可以对竞争起积极作

---

① 张穹．反垄断理论研究[M]．北京：中国法制出版社，2007.

② 李建伟．创新与平衡：知识产权滥用的反垄断法规制[M]．北京：中国经济出版社，2008.

③ 张穹．反垄断理论研究[M]．北京：中国法制出版社，2007.

用。但若借保护知识产权之名，无端扩大知识产权保护外延来损害竞争，就是在知识产权的行使中滥用市场支配地位。

区分知识产权保护与知识产权滥用时应考虑以下问题：第一，是否有利于技术的创新、转让和传播；第二，是否有利于推动整个社会的进步、财富的增长；第三，是否有利于知识产权人与社会公共利益的平衡。① 在实践中，属于滥用市场支配地位的典型行为有搭售、拒绝许可、价格歧视、掠夺性定价、垄断高价等。

（1）知识产权行使中的搭售行为

从知识产权滥用角度看，搭售是指知识产权人在从事市场交易行为时，将两个或者两个以上的知识产品捆绑在一起予以销售，使得买受人为了得到所需要的知识产品（即结卖品）而不得不同时购买从性质上或者从交易习惯上与该知识产品无关的被捆绑在一起的其他产品（即搭卖品）。②

搭售是滥用市场支配地位的最常见行为模式之一，如独立墨水公司诉伊利诺斯工具公司案中，拥有打印机头的专利权企业要求买受人在购买打印机头时必须购买其生产的非专利产品——墨水。

（2）知识产权行使中的拒绝许可行为

拒绝许可是指知识产权人利用自己的专用权或垄断权，拒绝授予竞争对手合理的使用许可，从而排除有效竞争以达到巩固和加强自己垄断地位的行为。通常情况下，拒绝许可并不违反法律，但倘若权利人的拒绝许可行为存在歧视，则构成优势地位的滥用，会产生限制下游市场自由竞争的效果。

比较典型的拒绝许可案例有 1996 年欧盟的麦吉尔案。该案中，对电视节目拥有版权的 RTE 公司拒绝向麦吉尔授予著作权许可，被欧洲法院认定该行为构成支配地位的滥用。

（3）知识产权行使中的价格歧视行为

价格歧视也称为歧视性定价。知识产权行使中的价格歧视是指知识产权人在提供或者接收知识产品或技术时，对不同的客户在同等交易条件下实行与成本无关的价格上的差别待遇。

歧视性定价是跨国公司实施滥用知识产权行为的一种常见形式，如微软的 Windows98 操作系统在中国内地的零售价远远高于在美国、日本及中国台湾和香港地区的定价，Office2000 测试版在中国标价 200 元左右，而在国外则免费赠送。

① 李建伟．创新与平衡：知识产权滥用的反垄断法规则 [M]．北京：中国经济出版社，2008．

② 龙柯宇．滥用知识产权市场支配地位的反垄断规制研究 [M]．武汉：华中科技大学出版社，2016．

（4）知识产权行使中的掠夺性定价

掠夺性定价又称劫掠性定价、掠夺价、低价倾销，是价格歧视的一种，有时亦称掠夺性定价歧视。作为一种典型的滥用市场支配地位的行为，其特征是一个或多个优势企业为了排挤竞争对手，而在一定时期、一定市场以低于成本的价格销售产品。在达到排除竞争对手形成垄断的目的后，优势企业即大幅提高产品价格，以攫取高额垄断利润。

实践中涉及知识产权的掠夺性定价的反垄断案件并不多见，因为知识产权生产商实施此类低价倾销行为必将使自己长期处于亏损状态，即使将来可以打垮竞争对手进而抬高价格，也未必能够弥补之前的亏损额度，风险性极高。

（5）知识产权行使中的垄断高价

垄断高价又称为“过高定价”，是企业在正常竞争情况下无法得到的、远高于公平基准的价格，也就是企业拥有市场支配地位而形成的垄断高价。

索取垄断性高价实际上是利用市场支配地位对消费者和用户进行剥削的行为。一些具有市场支配地位的企业往往滥用其知识产权谋取垄断高价或者以此为达到其变相拒绝许可目的的手段。如在美国微软垄断案中，法官认为微软将收取49 美元就有利可图的 Windows98 升级版的售价提升至 89 美元，是微软滥用垄断实力的表现。

近年来，滥用知识产权市场支配地位的行为在传统的搭售、拒绝许可、以价格为手段的排挤行为等基础上，又有了新的表现形式。这些表现形式集中于对知识产权制度本身的滥用领域，如专利权人通过微小的改进寻求延长其专利寿命、布设专利陷阱等。

（四）标准、知识产权与反垄断

标准是为某一产品或流程提供共同构思的技术规范，它们可以确保不同产品或系统之间的互操作性和兼容性。以微软操作系统的兼容性标准为例，微软通过制定一系列的技术规范和标准，确保其操作系统能够与各种硬件设备和软件应用进行良好的兼容。这些标准涵盖了硬件接口、文件格式、网络协议等方面，使得不同厂商的硬件设备和软件应用能够与微软操作系统进行交互运行，如一个符合微软兼容性标准的打印机可以与微软操作系统无缝连接，实现打印功能。但是标准并不一定都这样复杂。如许多国家的电源插座和插头都是根据特定的外观、尺寸和性能等标准生产的，以方便日常使用。

标准化在市场上可以促进技术发展、提高产品质量、降低成本，以及促进市场竞争。然而，标准的制定也可能对竞争构成威胁，限制了消费者的选择范围。在某些情况下，标准的制定者可能滥用其垄断地位，通过制定偏向自身产品或技术的标准，来排挤竞争对手或限制市场进入。这种滥用垄断地位的行为违反了反垄断法的原则，因为它会损害市场竞争、限制创新，并对消费者造成不利影响。在竞争充分的市场中，不必要的标准往往会被市场排挤出去，因为消费者会选择更具竞争力和适应市场需求的产品。市场竞争的力量可以推动标准的演进，确保它们符合市场需求和消费者的利益。此外，反垄断法的存在也可以防止标准制定者滥用其垄断地位，保护市场竞争的公平性和消费者的权益。

专利与标准之间存在着关联，如标准必要专利就是技术标准中的专利。专利一旦被纳入技术标准，成为标准必要专利，那么专利借助技术标准的强制适用性，将极大增强专利权人控制相关市场的能力。这种垄断性与标准的封锁性结合，导致参与竞争的经营者必须获得标准必要专利权人的许可，否则就无法进入相关市场。

专利标准化是一种促进创新并减少适应成本的重要手段，它有助于推动技术的广泛采用和市场互操作性的提升。通过将专利技术纳入标准，可以确保不同厂商的产品能够相互兼容，促进技术的快速普及和市场的竞争。这种标准化过程有助于降低企业的研发和生产成本，提高效率，并为消费者提供更多的选择。然而，专利标准化也带来了一些问题。其中之一是在标准使用者与专利持有者之间的许可谈判中地位的不平衡。由于标准使用者需要许可专利才能使用标准，专利持有者在谈判中通常处于较为有利的位置。这可能导致专利许可费的不公平情况出现。一些专利持有者可能会滥用其专利权利，要求过高的许可费用，从而给标准使用者带来不必要的经济负担。标准的宗旨是规定行业的技术要求或安全要求，专利权的本质是保护权利人的技术方案，因此，标准必要专利兼具公共属性与私权属性，涉及自由竞争与专利权保护两个方面，其法律问题是《反垄断法》和《专利法》的交错。

因此，需要在制订标准的有利条件和可能导致共谋和滥用市场优势的危险这两个方面作出权衡。当前信息通信技术（ITC）产业领域主要根据公平、合理、无歧视（FRAND）规则来进行处理。至于FRAND规则能否拓展到其他非ITC标准领域，目前研究甚少。

第四章　技术转移面临的新困境

目前，技术转移正面临着新困境，如知识产权保护、文化差异、技术适应性、法律和政策限制以及知识共享和合作等。知识产权保护是技术转移中的重要问题，需要防止侵权和盗窃。文化差异可能导致沟通障碍和合作困难，需要适应不同的文化背景。本章介绍了新气候体制下技术转移面临的挑战、知识产权保护制度对低碳技术转移的实质影响、技术跨国转移的限制因素和高校技术转移绩效的持续低迷四个方面的困境。

第一节　新气候体制下技术转移面临的挑战

在国际气候合作尤其是由工业化国家向发展中国家转移的大背景下，可持续能源技术转移的起源见于《联合国气候变化框架公约》第 4 条，其中规定了发达国家成员和附件 2 中包括的其他发达国家成员将采取一切可行的措施，并适当地提供经费，以促使和帮助其他成员国尤其是发展中国家成员转移或使用环境无害型技术和实际技术，以帮助他们实施大会的规定。在此过程中，发达国家将支持发展中国家发展和增强内源性能力和技术。其他有能力的国家和组织也可以协助促进上述技术的转移。①

这方面的关键挑战在于，发展中国家和发达国家都需要采用低碳可持续技术，这要求发展中国家努力避免过去的不可持续的做法，以免受困于陈旧的非可持续技术。相反，技术转移允许发展中国家迅速采取环境安全型和可持续性的实践、体系以及技术。转移或创新过程必须足够迅速，以降低全球性气候变化的脆弱性。在这个过程中，致力于向发展中国家进行低碳技术转移的清洁发展机制（CDM）扮演了重要的角色。

根据联合国政府间气候专门委员会（IPCC）(2000)，技术转移涉及这样一个过程：学习理解、应用和复制技术，包括因地制宜决定转移和适应何项技术以及与本土技术整合的能力。

① 联合国气候变化框架公约[M]. 北京：中国环境科学出版社，1994.

技术转移包括知识和硬件的转移。所谓的知识由关于技术工作原理的详细科学技术知识组成。这些转移也需要涉及技术实用性知识，以使得技术可在多种情况下运作。于是，当一项技术通过一个组织如制造商进行转移时，就会出现与该组织的相关程序相联系的隐性知识。作为东道主的发展中国家，其不仅具有类似的知识需求，而且对以下两种人才也有额外需求：一种是能够协调与东道国组织关系的人员，另一种是理解并知道转移技术的供给和支持链系统的人员。

当然，对于完整的技术转移，仅有知识是不够的，还必须考虑东道国技能和专业知识的社会资本，以及东道国在制造能力、供应链能力、生命周期／废物处置、机构能力以及整个过程与过程之间社会网络的持续性方面的技术基础。对于为东道国内部机构带来利益的技术创新，地方组织在投资中有必要自主购买，同时这些内部团体有必要参与技术实施过程。

IPCC（2000）仅仅考虑了“南北”转移，并分析了该过程中的一些因素。它承认该过程中利益相关方的多样性，并确定了下述关键角色：项目开发人员、技术所有者、技术供应商、产品购买者、接收者、技术使用者、投资者和捐赠者、政府部门、国际组织、非政府组织以及社区团体。尽管研究机构、贸易组织和教育机构在支持技术转移的过程中同样重要，但他们并未被提及。

IPCC（2000）指出技术转移可以产生于诸多方面，并列出如下几个方面：政府机构之间的直接转移，垂直整合的公司内部的转移，以及信息服务提供商、企业顾问和金融企业之间的转移。

IPCC（2000）还指出转移的路径取决于国家的背景、技术的领域和类型。然而，他们明确提到了相互作用的路径，如政府援助项目、直接购买、申请许可、外商直接投资、合资企业、合作研究安排、合作生产协议、教育和培训以及政府直接投资。

此外，除了技术转移产生的方式和转移路径，IPCC（2000）还确定了技术转移进程的阶段：确定需求、选择技术、转移条件评估、达成协议、实施、评估、当地情况调整和反复试验。

需要注意的是，复杂的转移进程不一定按顺序进行。当致力于通过 CDM 进行技术转移时，第一阶段的确定需求和选择技术以及最后一个阶段的达成协议和反复试验也是必要的，它们代表了技术向当地能源市场的转移。

IPCC（2000）非常公正地强调，对于授权的技术转移、以股份持有者和国家背景为基础的活动以及技术的规模和类型没有固定的要求。然而，他们集中讨论了对克服障碍作出重大贡献的三大主要活动，即能力建设、政策环境和转移机制。

第二节　知识产权保护制度对低碳技术转移的实质影响

低碳技术转移，尤其是从发达国家向发展中国家的低碳技术转移，对全球应对气候变化的挑战至关重要。以技术转移的地域范围为标准，可以将低碳技术转移分为国内低碳技术转移和国际低碳技术转移。以技术转移的具体形式为标准，可以将低碳技术转移分为以下几类：一是单纯的技术转移，即仅以专利、专有技术和其他智力成果的所有权或使用权为交易对象的技术转移方式，不包括其他标的的转移，这种方式的技术转移可以使发展中国家获得独立地制造低碳产品的能力；二是与设备或产品买卖相结合的技术转移，如无氟冷却设备、光伏发电设备等的交易；三是与国际直接投资相结合的技术转移；四是通过合作开发形式进行低碳技术转移。[①] 在市场经济条件下，无论是何种形式的低碳技术转移，均与知识产权保护制度密不可分。相对于低碳技术创新而言，知识产权保护制度对低碳技术转移的影响更为复杂和多变。具体而言，知识产权保护制度对低碳技术转移的影响主要可以分为积极影响和消极影响两个方面。

一、积极影响

第一，完善的知识产权保护制度能够有效降低低碳技术拥有者与使用者之间的交易成本。对技术拥有者来说，如果没有知识产权制度，特别是如果没有专利制度的保护，那么技术拥有者就只能依靠合同来要求技术接收者不公开其技术、不让他人使用其技术。对于技术拥有者来说，这种依靠合同的保障在商业上风险较大。如果技术接收者违反合同约定将技术信息泄露给第三人或将该技术信息公开，那么技术拥有者就只能根据合同从技术接收者处获得赔偿，却不能从实际获益的第三人处获得赔偿。这样，如果技术接收者承担经济赔偿的能力有限，那么技术拥有者则很可能得不到足够的赔偿。因此，如果没有专利保护，必然会使技术拥有者在转移技术时畏首畏尾，瞻前顾后，从而大大减少技术转移的交易机会，相应地也就增加了交易成本，而完善的知识产权保护制度，则能有效避免这种情况发生。

第二，完善的知识产权保护制度有助于交易双方对技术的价值进行公平合理地评估，保障双方当事人的经济利益，从而促进技术转移的进行。无论是单纯的

① 齐俊妍．国际技术转让与知识产权保护[M]．北京：北京交通大学出版社，2008．

技术转移，还是与产品相结合的技术转移，抑或以技术作价投资的技术转移，对待转移的技术进行公平合理的价值评估均是技术转移的一个前提条件。如果存在完善的知识产权保护制度，特别是存在完善的专利保护制度，那么技术接收者通常可以通过专利说明书了解技术的内容，对技术的价值进行评估，这样在技术转移时，技术拥有者和技术接收者双方的谈判和技术转移合同的拟定就会简单很多。

第三，专利技术文献是技术转移的重要中介媒介。经过细致而周全的分类的专利说明书和专利申请文件所包含的技术信息，是目前世界上任何人都可以获得的唯一最有价值最全面的技术来源。专利文件中对发明有详细的说明，可以据此对技术进行评价。此外，专利文献中还记载了专利权人或申请人以及发明人的姓名、名称、地址，这就为技术使用者找到技术拥有者或发明者指明了路径，便于进行联系，洽谈技术转移事宜。

第四，从技术接收者角度而言，在通常情况下，其更希望接收有知识产权保护的技术。这主要是因为：一方面，有知识产权保护的技术，其技术信息通常更全面、更有效，更容易使技术接收者尽快消化吸收，形成自己的技术能力和生产制造能力；另一方面，技术接收者在获得技术后，亦可以根据该技术所享有的知识产权，获得一定程度的市场优势。

第五，完善的知识产权制度是吸引国外投资的一个重要因素。对发展中国家而言，外国直接投资，通常伴随着相应技术的转移。而完善的知识产权制度是使外国人作出投资决定的重要因素之一。知识产权制度为鼓励、吸引外国投资及相应的技术转移提供了制度化环境，① 尤其是对竞争激烈且技术密集的低碳经济领域，知识产权保护制度对外国人作出投资决定具有重大影响。

二、消极影响

虽然从理论上分析，知识产权保护制度对低碳技术转移具有上述种种促进作用，但是，任何事物均是利弊双生的，知识产权保护制度对低碳技术转移亦有可能产生一定的掣肘和阻碍作用，主要表现在以下方面。

首先，知识产权许可或转让费用，是技术接收者获得低碳技术的一个重要障碍。如果低碳技术享有知识产权，那么技术使用者使用该技术通常就需要向权利

---

① 汤宗舜，专利法教程[M]. 北京：法律出版社，2003.

人支付一定的使用费或转让费。而对发展中国家的技术使用者而言，由于其支付能力有限，那么就相应地降低了其获得低碳技术的可能性。因此，在气候谈判中，发展中国家认为特别强调知识产权保护能够阻碍发展中国家利用新技术，例如，知识产权保护可以使拥有专利的企业对产品保持高价，进而使发展中国家不可能获得这种产品。由于大部分专利属于发达国家所有，特别是由于《TRIPS 协议与公共健康多哈宣言》（简称 TRIPS 协议）对专利权的强化保护，知识产权保护有可能使发展中国家在获得低碳技术方面面临越来越大的困难。

其次，气候谈判中低碳技术转移的费用承担问题的巨大分歧，亦是低碳技术转移裹足不前的一个重要原因。发达国家参与气候谈判的主要目的在于使全球认识到减少温室气体排放的必要性，并切实敦促各国采取必要措施，以避免因为未来气候变化而导致更大损失。而发展中国家则从现实出发，指出当前温室气体存量的主要部分来自发达国家，未来几十年内温室气体排放也主要与发达国家相联系，气候变化问题主要是发达国家在过去 200 年间经济活动的结果，因此他们认为，在应对气候变化挑战过程中，只有将发展中国家的经济进步和贫困消减作为一个基本目标，才是完全公平合理的。有关减排的任何气候变化国际协议均不能以限制发展中国家的经济增长为代价。因此，发展中国家认为，为了应对气候变化的挑战和争取全球的福利，发达国家有义务为其承担低碳技术转移的知识产权费用，但是这一点并不能获得发达国家的认可。

最后，发达国家通过知识产权制度对低碳技术的垄断，亦是发展中国家难以获取有效低碳技术的一个重要原因。对于一个国家、产业或企业提升市场竞争优势而言，发展和形成新的技术能力均是至关重要的。所以，发展中国家从自身经济发展的角度出发，自然会将低碳技术转移和发展低碳技术能力作为气候谈判的中心议题。然而发达国家并没有考虑发展中国家的上述合理要求，发达国家的首要或最终目的就是减少温室气体的排放。技术转移对发展中国家技术能力建设和经济发展的影响并不是发达国家所重点考虑的问题。事实上，对发达国家及其拥有先进低碳技术的企业而言，保持其技术能力的领先优势，更有利于确保其既得利益。例如，光伏电池可以有效地减少温室气体排放，如果 100% 地由发达国家向发展中国家销售光伏电池，亦能满足环境保护的需要，但是这样做却不能满足发展中国家的利益要求，即对发展中国家技术能力的提升没有帮助。发达国家从其自身利益出发，对某些关键的低碳技术从不向发展中国家转移。相反，某些发达国家会利用专利加技术诀窍的方式，综合利用知识产权制度，保护并垄断相关市场，从而使发展中国家长期难以获得某些关键低碳技术。

三、知识产权与低碳技术转移的相关研究

截至目前，关于知识产权与低碳技术转移的实证研究还非常有限，主要有部分学者进行了如下方面的相关研究。

三种可再生能源（光伏能源、风能和太阳能）的实证分析；中印风能产业对低碳技术的知识产权在发展中国家的潜在作用；“通往哥本哈根的气候变化与贸易”中对知识产权的可能作用；向发展中国家转移技术和知识产权问题在气候谈判中的可能解决方式角度；分析涉及整体煤气化联合循环发电技术（IGCC），发光二极管技术（LED）；混合动力汽车技术和生物发电及其改进技术的知识产权问题；国际低碳技术转移的驱动力问题；等等。

上述实证分析显示：发展中国家的企业几乎可以获得发达国家已经成熟的所有低碳技术，并且较大的发展中国家，如印度和中国，已经具有较强的低碳技术内生研发能力。在印度，IGCC 和混合动力汽车技术仍然处于研发阶段，并且这两项技术的发展主要得益于本土研发，而非来自外国专利申请。印度的发光二极管制造商虽尚未涉足白光 LED 这一具有世界尖端水平的技术，但是作为发展中国家的中国却已经开始研发白光 LED。发展中国家通常可以获得低碳技术。事实上，发达国家的公司很少在最不发达国家申请专利，因为他们将申请专利的焦点主要集中于具有实质市场的国家或地区。另外，只要能够保障低碳技术产品不再返回至发达国家自身，发达国家的公司就应该以相对较低的价格在发展中国家销售该低碳产品，这样，绝大多数发展中国家感兴趣的低碳专利技术就可以在发展中国家使用。同时，针对知识产权有可能成为最不发达国家获得低碳技术障碍的问题，可以有一些解决途径，如在最不发达国家以零费用或优惠条款的方式许可其使用低碳专利技术，或者由政府资助低碳专利技术的使用。

国际贸易和可持续发展中心的研究指出，生物能源与风能领域的专利申请增长迅速，但关于知识产权是阻碍还是促进应对气候变化技术的传播，目前的研究尚不能给出明确结论。另外，国际贸易和可持续发展中心的研究报告还建议，在知识产权对低碳技术转移具有负面影响时，应该主要利用 TRIPS 协议中已有的机制安排以克服这种障碍，促进气候领域的低碳技术转移。可供利用的 TRIPS 协议机制主要包括可专利性客体的例外、专利权的限制、强制许可等。

发展中国家获得尖端低碳技术的案例很少。中国四川一汽公司通过合资建厂的方式从丰田公司获得了混合动力汽车技术。但是四川一汽所获得混合动力汽车技术的范围可能仍然非常有限，因为混合动力汽车中的关键技术——协力驱动装

置仍然是在日本国内制造，然后再进口到中国用于整车组装。

国外的一项研究展示了印度和中国是如何通过技术许可的形式从发达国家获取风能技术的。印度通过对发达国家的相关公司进行战略收购的方式获取风能技术。在光伏发电领域，中国更加强调国内自主研发；而印度则主要通过与BP公司建立合资企业的形式获得光伏发电技术，这样印度在光伏发电领域的经济活动就将在很大程度上依赖于BP公司的全球市场战略。在生物能源领域，巴西、中国、印度、巴基斯坦、日本、泰国和马来西亚均具备强大的乙醇燃料工业。

工业结构在发展中国家获取新技术中具有至关重要的意义。由于风能和光伏能源市场是一个相对集中的市场，该市场由数量较多但却有限的一些大公司主导，该市场仍然有一定的空间允许他人进入，在这样的市场结构下，发展中国家未来的市场机会将极有可能刺激低碳技术向发展中国家快速转移。另外，经过深入分析风能市场，相关研究报告显示，由于目前风能市场存在充分的国际竞争，因此，对某些发展中国家而言，获得低碳技术的使用许可并非昂贵到高不可及。但是，值得注意的是，由于风险投资更加青睐具有自主知识产权的低碳专利技术，而发展中国家企业的低碳技术通常来自发达国家，是接收他国技术所得，不在风险投资重点关注的对象之列，所以发展中国家在获取低碳技术时就更有可能面临资金困难。

虽然发展中国家获取普通的低碳技术障碍并不明显，但是在获取尖端低碳技术方面，发展中国家明显存在重大困难。拥有太阳能光伏薄膜专利的公司和拥有生物燃料技术的公司仍然不肯将其技术提供给发展中国家的公司使用，由于这两个领域的市场高度集中，发达国家的公司可以通过价格机制非常轻易地将发展中国家的公司挤出市场。另外，在IGCC和LED方面，印度亦面临上述困境，而不能获得发达国家相关的尖端技术。

在获取尖端低碳技术方面，发展中国家也并非完全束手无策。作为全球第五大风能产品制造商的印度公司，通过对发达国家相关公司的收购和控股，达到了获取发达国家尖端风能技术的目的。但是，通过此种方式获取尖端低碳技术亦具有很大的法律风险。例如，在美国，GE公司就成功地通过专利侵权诉讼阻碍了外国相关产品进入美国市场。研究还发现，由于发展中国家较低的劳动力成本与原材料价格优势，发达国家大型公司通常不愿意向发展中国家的潜在竞争对手转移低碳技术，但是，发达国家的中小企业由于其通常未进入发展中国家产品市场，这些中小企业为了获得较高的许可费更有意愿向发展中国家的公司转移低碳技术。虽然发达国家中小企业的低碳技术并不必然比发达国家大型公司的落后，但是由于中小企业的低碳技术在向发展中国家转移之前实际应用的机会相对较少，因此，有关该低碳技术的操作经验和在发展中国家成功实施该低碳技术的可能性亦较小，这是发展中国家在接收这些低碳技术时应该注意的问题。

国外学者对光伏发电技术、电动汽车技术和整体煤气化联合循环发电技术的国际技术转移现状进行研究发现，这些低碳技术的国际转移确实与发展中国家的知识产权保护水平有关，但同时还关涉很多其他因素，情况尤为复杂。由于发达国家的尖端低碳技术在发达国家还正处于研发阶段，尚未产业化，且研发成本与转让价格均很高昂，因此，发展中国家即使具有良好的知识产权保护环境，也很难获得发达国家的这些尖端低碳技术。

对于成熟的低碳技术，发达国家权利人在向发展中国家转移时，确实会把发展中国家的知识产权保护状况作为一个重要的考量因素，但不是唯一的或决定性因素。该实证研究发现，作为低碳技术接收方的发展中国家企业与作为技术供给方的发达国家企业通常是同一量级的企业或接收方企业规模大于供给方企业规模，而较少有供给方企业规模大于接收方企业规模的情况。例如，在该研究所收集的中国、印度与发达国家进行低碳技术转移的案例中，中国或印度接收方企业规模小于供给方企业规模的仅占 18%。

通过该研究的实证调研发现，发达国家低碳技术权利人之所以偏爱选择发展中国家大企业作为合作对象和技术接收方，主要是有两点考虑。第一，发展中国家知识产权保护总体水平不高，而发展中国家的大企业可以在发展中国家本地营造有利于低碳技术权利人的知识产权保护小环境。发展中国家的大企业，特别是像中国的大型国有企业，对国内地方政府具有较强的影响力，因此，即使发展中国家知识产权保护的总体水平和执法环境不理想，发展中国家的大企业也可以说服地方政府对境外的合作对象给予实质的较高的知识产权保护，从而确保低碳技术权利人在发展中国家的利益。第二，发展中国家的大企业履约诚信度较高。国际技术转移基本的执行步骤是发达国家权利人将技术转移给发展中国家接收方，发展中国家接收方利用该技术获得经济回报后再向权利人支付合同价款，因此，对发达国家权利人而言，发展中国家接收方的履约诚信度是关键。相对而言，发展中国家的大企业更注重长期的发展和企业的商誉，较少为了短期利益而撕毁合同，或不履行先前的承诺。

另外，该研究还发现，发达国家中小企业向发展中国家转移低碳技术的情况较少，其转移的动力亦远低于发达国家大企业。在美国等发达国家，中小企业是低碳技术创新的重要力量，发达国家的低碳技术有相当一部分掌握在中小企业手里。这些发达国家的中小企业权利人并非不希望向发展中国家转移低碳技术，但是由于他们具有发达国家大企业同样的顾虑，担心自身的知识产权不能在发展中国家获得应有的保护，也希望与发展中国家大企业合作实施其低碳技术，但由于其企业地位、谈判能力有限，很难与发展中国家大企业达成理想的合作协议，因此，也就导致了发达国家中小企业向发展中国家转移低碳技术的裹足不前。

根据上述研究，从发达国家政府角度而言，为了促进低碳技术向发展中国家转移，履行其技术转移的国际责任，应对气候变化的挑战，发达国家政府应该特别重视为其中小企业向发展中国家转移低碳技术提供便利条件和优惠措施，增强中小企业向发展中国家转移低碳技术的积极性和动力。从发展中国家引进发达国家低碳技术的角度而言，发展中国家政府一方面，应该向发达国家权利人，特别是向发达国家的中小企业，积极宣传和介绍本国在知识产权保护方面所取得的成绩和进步，增强发达国家低碳技术权利人向发展中国家转移低碳技术的信心；另一方面，还应努力为发达国家企业，特别是发达国家中小企业，提供低碳技术转移的便利措施，积极为他们在国内寻找适当的合作对象，进而促进发达国家低碳技术向本国转移。

四、我国低碳技术转移与知识产权问题

中国能源结构中，煤炭目前仍占据主导地位，而太阳能、风能等新能源在利用方面还处于尝试阶段。尽管中国在太阳能和风能领域取得了一定进展，但在实际利用方面仍存在一些限制和挑战。虽然中国的太阳能光伏产品也在很大程度上出口到欧美等国家和地区，中国在太阳能光伏产业方面具有一定的竞争优势，并在全球市场上发挥着重要作用，然而太阳能在中国主要用于低温生活用水的供热，如太阳能热水器在许多家庭中得到广泛应用。风能的利用相对较好，但风能发电由于其间歇性和可调度性较低的特点，需要在电网运行方面进行一定的考虑和调整。虽然中国已经建设了一些风电场，但大规模接入风能仍面临一些技术和运营上的挑战。

在技术层面上，2005—2009 年与太阳能技术有关的在华专利申请量为 13 461 件（包括发明、实用新型和外观设计专利申请），外国人同期在华专利申请量为 780 件，占总量的 5.79%。虽然外国人所占总量并不大，但是，其申请绝大多数为发明专利申请。我国光伏产业虽然发展迅速，但与发达国家相比仍存在一定差距。其中，多晶硅生产技术问题是我国光伏产业面临的主要挑战之一。国内多晶

硅生产技术不稳定，导致成本高昂，同时还存在环境污染问题。因此，我国光伏组件企业多依赖进口国外的多晶硅，而这也增加了成本和风险。为了解决多晶硅供应问题，国内企业开始转向薄膜电池生产。然而，尽管引进了一些薄膜电池生产技术，但与国际先进水平仍存在差距。最先进的核心技术并未在我国转让或申请专利，这使得我国光伏产业在核心技术方面依然相对薄弱。虽然国外企业通过高价转让生产线向我国企业转移了一定数量的先进技术，但这并不能解决核心技术的缺失问题。在光伏发电领域，核心技术的掌握至关重要，它决定了光伏组件的效率和质量。因此，我国光伏产业在技术创新和核心技术方面仍需要加大研发投入和保护力度。

在风电领域，近年来外国人在华专利申请量和授权量增长迅猛。2005 年外国人在华风电发明专利授权量为 1 件，占国内全部风电发明专利授权量的 20%；2009 年外国人在华风电发明专利授权量增加到 22 件，占当年国内全部风电发明专利授权量的 47.8%。中国风能产业在技术方面仍然面临一些瓶颈，这导致大部分企业仍需要从国外购买图纸和零部件。尽管中国的风电装机容量每年都在增长，国内风机制造企业也占据了超过 50% 的市场份额，但这些企业在大功率风机整机设计、风叶设计和风机控制系统等核心技术方面仍未能突破技术壁垒。此外，国内风能产业中的专利大多数都是由外国企业在华子公司所申请，说明核心技术仍然掌握在外国企业手中。为了实现风能产业的可持续发展，中国企业必须加强自主创新能力，不能仅满足于技术引进。通过自主研发和创新，中国企业才能在大功率风机的整机设计、风叶设计和风机控制系统等关键技术领域取得突破。同时，中国企业还应加大对核心技术的研发投入，并积极申请专利保护自己的技术成果。只有这样，中国风能产业才能真正实现自主可控，不再依赖于外国技术和零部件的进口，提高产业竞争力并推动行业的发展。

第三节　技术跨国转移的限制因素

一、技术差距与技术转移

波斯纳（Posner）等人的技术差距理论指出，由于不同国家在研发投资上的差异，各国间存在着技术水平的差距。发达国家通过持续的技术创新，取得了技术上的优势，并形成了技术垄断地位。为了缩小与发展中国家的技术差距，发达国家会通过技术转让的方式向发展中国家传授先进的技术知识和设备。技术差距的缩小通常伴随着贸易量的减少。当技术引进国能够掌握并自主生产此项技术产品时，技术差距逐渐消失，贸易量也会减少。这是因为技术引进国不再依赖进口技术产品，而能够自主生产满足国内需求的产品。技术差距的缩小对于发展中国家来说具有重要意义。通过技术转让和自主创新，发展中国家能够提高自身的技术水平，加强产业竞争力，并减少对进口技术产品的依赖。这有助于促进经济发展和提高国家的国际竞争力。然而，要实现技术差距的缩小并不容易。发展中国家需要加大对技术研发的投入，并建立健全的知识产权保护制度，以保护自主创新成果。同时，国际合作和技术转让也是缩小技术差距的重要途径。通过与发达国家和国际组织的合作，发展中国家可以获取更多的技术支持和资源，加快技术水平的提升，最终实现技术差距的缩小和经济的可持续发展。

有些“技术鸿沟”理论不但将“技术鸿沟”视为“条件”，而且指出了技术“二元”结构，即技术由“中心国”转移到“周边国”。其中，中心国是新技术的发明者、传播者，周边国是新技术的模仿者、接收者。因此，中心国占有了几乎全部的技术进步利益，并控制或支配了周边国。在技术“二元”结构论的基础上，20 世纪 80 年代韩国经济学家金泳镐提出了技术双重差距理论，认为在技术转移过程中，发达国家向发展中国家转让技术时存在着双重差距：第一，是转移差距，即转让的技术与接收方实际需求的技术不匹配，导致接收的技术相对过时。这种差距是由技术供给方引起的，也被称为技术的低转移差距。此现象表明了技术转移并非简单的技术传递，而是涉及技术适应性和更新换代的重要挑战。第二，是积累差距，即发展中国家在质和量上缺乏技术熟练的技术人员和技术工人，很难与发达国家转移来的技术结合起来，对转移技术的消化、吸收能力不足，这是技术接收方造成的差距，也称技术的低熟练差距。以某一国家为例，假定该国家的技术指标是 100，该技术转让的指标是 90，低于该国家技术指标，这就是技术转移差距；

若此时技术接收国的技术指数为80，低于所接收的转移技术的指数，即为技术的积累差距。在中心国的技术指数不上升、仍为100的情况下，即使周边国通过技术模仿掌握了所接收的技术，技术指数上升到90，其技术水平也继续低于中心国，技术差距仍将长期存在。技术双重差距论的意义在于它注重国际技术转移的成效，对分析不同发展中国家引进技术方面的成效很有启发性。根据技术双重差距论，技术引进的成效不仅取决于技术供方所提供的技术，还取决于技术引进方的消化吸收能力和其他基本条件。一个发展中国家国内技术储备越低，吸收、消化技术的能力越差，其引进技术的成效就越小，与发达国家的技术差距也就越大，进而受制于技术差距的危险也就越大。

1979年，美国学者保罗·克鲁格曼（Paul krugman）发表了《创新、技术转移和世界收入分成的模型》一文，提出了一般均衡条件下的商品周期贸易模型。1994年，他又出版了《国际贸易反思》一书，在评述技术差距对国际贸易影响的基础上，进一步解释了国际贸易模式的动态变化模型，对发展产品生命周期理论作出了重大贡献。克鲁格曼在技术和比较优势关系的简单模型中假设。国家可以按技术水平分成高低不同的等级；产品可以按技术密集度分为不同的等级。技术水平较高的国家在技术密集度较高的产品上具有生产率优势。在这些假设前提下，他确立了国际分工和贸易的模式，认为每个国家在产品档次系列上都有一个与其技术水平相适应的位置，从而在这个档次产品生产上具有比较优势。档次高的国家处于技术的高等级上，在高新技术产品生产方面具有比较优势，大量出口创新产品；技术等级低的国家在低技术产品生产方面具有比较优势，大量出口模仿产品。由于技术是不断变化的，技术进步对不同技术等级的国家的福利水平都会产生影响。当发达国家发生技术进步、扩大与其他国家的技术差距时，不仅能提高其所有产品生产率高的优势，而且技术密集度越高的产品，生产率提高程度越高，从而为技术创新国创造更多的贸易机会，进而促进其工资水平和国民收入的提高。与此同时，不断创新的技术通过各种途径由发达国家转移到发展中国家，也促进了发展中国家经济发展和福利水平的提高。由此可见，尽管技术进一步扩大了发达国家与发展中国家之间的技术差距，也仍然能给发展中国家带来一定的好处。当发展中国家通过技术引进缩小了与发达国家的技术差距时，其进口替代产品就开始形成了对发达国家的出口竞争优势，从而减少了发达国家在贸易中的盈利，使发达国家不仅相对工资下降，而且实际收入水平也会下降。这种情况下，即使发展中国家没有引进最先进的技术和产品，也能够从技术进步中得到好处。而此时，如果发达国家仅仅选择放弃技术落后的产业，没有新的技术创新时，那么它与发展中国家之间进一步缩小的技术差距就会使发达国家的经济状况变得更糟。所以，发达国家只有不断地创新并努力提高创新速度，才能继续保持技术领先的地位和高新技术产品的出口优势。只有这样，发达国家才能保持与发展中国家的技术差距，进而维持其竞争地位和福利水平，保护其经济利益，使其自身和发展中国家都从新的技术进步中受益。总之，由于发达国家与发展中国家的技术差距是技术转移的基础，所以发达国家出口创新产品并转移技术，发展中国家引进技术并出口模仿产品。

二、技术转移对产业的影响

伴随着国际上的技术转移，资金、组织与管理、市场的进入等要素的流动给技术输出国和技术接收国的要素供求、价格、就业结构、收入水平等带来了深刻影响，从而推动技术输出国和技术接收国产业结构的变化。这些变化因参与国际技术转移活动的角色和目的不同而有一定的区别。我们分别从技术输出国和技术接收国两方面来分析。

（一）技术输出国

20 世纪六七十年代以来，新技术浪潮对全球产业结构产生了深远的影响。信息和知识产业逐渐取代了劳动和资本密集型产业，导致制造业的产值和就业比重不断下降，而服务业的占比逐渐增大。这一趋势在美国尤为明显，其制造业的产值和就业比重大幅下降，跨国公司开始将生产环节分包或转移到其他国家，从而实现了所谓的“虚拟制造现象”。在这种全球产业结构的变革中，跨国公司的对外直接投资发挥了重要作用，推动了全球产业结构的转变，并带来了技术转移。跨国公司通过在其他国家设立生产基地、与当地企业合作或进行并购，将先进的生产技术和知识传输到新的地区。这种技术转移对于发展中国家来说具有重要意义。技术转移使发展中国家能够快速获得先进的生产技术和管理经验，缩小与发达国家之间的技术差距。通过引进和吸收先进的技术，发展中国家能够提高自身的技术水平和创新能力，从而推动产业升级和结构调整。这有助于促进经济的多元化和可持续发展。

根据小岛清的“边际产业扩张论”，国际直接投资是指资本、技术和经营管理知识的综合体由投资国的特定产业部门的特定企业向东道国的同一产业部门的特定企业进行转移的行为。这种投资行为不仅仅是资本的流动，还包括技术和管理经验的转移，从而促进了技术的传播和转化。国际直接投资所导致的技术转移能够容易地移植、普及和固定下来的关键因素之一是投资国的资本丰富。资本的丰富使得投资国能够在对外投资时提供充足的资金支持，从而在东道国建立生产基地并引入先进的生产设备和技术。资本的投入可以促进技术的快速传播和应用，加速东道国的技术水平提升。其另一个关键因素是投资国与东道国的技术差距较小。投资国可以通过培训和知识传授等方式，将先进的技术和管理经验传递给东道国，帮助其提升技术水平和创新能力。如果投资国与东道国在技术水平上存在较大差距，技术转移可能会面临更多的困难。

根据小岛清的动机，对外直接投资可以划分为以下四种类型。

（1）自然资源导向型

自然资源导向型的对外直接投资旨在获取或利用东道国的自然资源。跨国公司在东道国建立资源开发型企业，开发油田、矿业、林业等资源。这种类型的投资可以使得投资国获得稳定的资源供应，并将产品进口到投资国，或在东道国销售或出口到其他国家。自然资源导向型的投资可以带来丰厚的利润，并且对于投资国来说，也有利于能源安全和经济发展。

（2）市场导向型

市场导向型的对外直接投资的目标是维护和扩大出口规模。跨国公司在东道国建立企业进行生产和销售活动，以继续扩大出口。贸易导向型的市场导向型投资主要是为了满足东道国市场的需求，扩大产品的销售规模。而反贸易导向型的市场导向型投资则是为了规避贸易壁垒和保护主义政策，通过在东道国建立生产基地，实现本地化生产和销售，以应对贸易限制。

（3）生产要素导向型

生产要素导向型的对外直接投资旨在利用东道国廉价的生产要素。跨国公司寻求利用廉价的原材料、零部件、劳动力等生产要素，以降低生产成本并提高竞争力。这种类型的投资可以帮助企业在全球范围内获取成本优势，并在市场竞争中取得优势地位。生产要素导向型的投资通常涉及跨国供应链的建立和管理，以确保资源的高效利用和生产的顺利进行。

（4）生产与销售国际化导向型

生产与销售国际化导向型的对外直接投资的目标是建立全球性的生产与销售网络。跨国公司实施水平一体化和垂直一体化的经营管理，构成全球性的生产与销售网络。水平一体化指的是在不同国家建立相同的生产线和生产能力，以实现规模经济和资源共享。垂直一体化则是在不同国家的生产环节中进行分工，形成全球化的供应链和价值链。这种类型的投资可以帮助企业实现全球市场的覆盖和资源的最优配置。是否构成反贸易导向型取决于该投资是否具有寡头垄断性质，即是否会导致市场垄断和不正当竞争。

小岛清的边际产业扩张论认为，跨国公司应该将投资重点放在本国相对较弱的产业上，即边际产业。这些边际产业通常是劳动密集型的，依赖于低成本的劳动力和资源。由于本国在这些产业上的竞争力相对较弱，对外直接投资可以帮助企业获取更多的市场份额和利润。

在边际产业扩张论中，跨国公司通过对外直接投资来利用全球资源和市场，实现资源的最优配置和市场的最大化。通过在劳动密集型的边际产业进行投资，企业可以利用低成本的劳动力和资源，降低生产成本，提高竞争力。同时，对外直接投资还可以帮助企业拓展国际市场，增加销售额和利润。边际产业扩张论的基本思想是，跨国公司应该利用本国的相对劣势，在全球范围内寻找更有竞争力的机会。通过投资边际产业，企业可以逐步提高自身的技术和管理水平，积累经验和资源，逐渐向高附加值的产业转型升级。然而，需要注意的是，边际产业扩张论并不意味着完全放弃本国的优势产业和核心竞争力。相反，跨国公司应该在保持本国优势产业竞争力的同时，逐步扩大对边际产业的投资，实现全球资源和市场的优化配置。

小岛清在边际产业扩张论中提出了多项政策主张，影响了日本的对外直接投资策略。以下是这些政策主张。

第一，关于日本式资源开发型投资的政策。小岛清建议采取适应东道国国情的方式进行资源开发型投资。他提倡采用产品分享方式或贷款买矿的方式，避免取得上游企业的全部所有权。这种方式可以满足东道国的需求，避免激发资源国家的反对情绪，并确保长期合作关系的稳定性。

第二，关于日本向发展中国家工业进行投资的政策。小岛清主张在向发展中国家进行投资时，根据比较成本逐步转移技术，扮演“教师”的角色，帮助当地企业提高生产效率。他强调分阶段转让企业所有权，以避免被指责为“过分扩张”。这种策略可以促进技术转移和产业升级，同时减少对当地产业的冲击。

第三，关于日本向发达国家进行投资的政策。小岛清认为，在双方成本差距较小的情况下，日本可以与发达国家相互直接投资，形成“协议性的产业内部交互投资”。这种投资方式可以促进双方企业之间的合作与学习，实现资源的优化配置和市场的拓展。

第四，关于如何评价跨国公司的直接投资。小岛清强调区分对外直接投资和跨国公司，并警示虚假规模经济可能损害东道国的利益。他指出跨国公司的利润来源于“生产性的规模经济”和“商业性的规模经济”，并强调需要审慎评估投资对东道国经济和社会的影响。这种评价方式可以帮助日本企业更加理性地进行对外直接投资，并确保投资对东道国和自身企业都具有可持续的发展效益。

这一理论比较符合日本的对外直接投资发展情况，比较好地解释了日本企业，特别是中小企业对外投资和进行技术转移的动机。20 世纪 80 年代后期，在日本经济持续快速发展、日元大幅升值的背景下，日本对外直接投资出现了前所未有的迅速发展。1989 年，日本对外直接投资额创新高，反映了日本企业不断追求多样化的投资目的。通过扩大对外贸易、建立国际生产和销售网络，日本企业利用廉价资源，促进高附加值产品的生产和研发。这一举措有助于日本适应产业结构调整的需要，将劳动密集型和资源消耗型产业转移到其他国家，同时在国内集中生产高附加值和高新技术产品，最终实现有利于日本的国际分工体系。

（二）技术接收国

不同国家的研发投资水平不同导致了全球技术差距的存在。发达国家通常在技术创新方面处于领先地位，这使得它们能够垄断某些产品的生产，并在国际贸易中获得优势地位。这种技术优势使得发达国家能够控制市场，并从中获得经济利益。然而，技术转移的实施有助于促进技术的扩散，从而缩小了技术差距。技术转移是指将技术知识、专利或技术设备等转移到其他国家或组织的过程。通过技术转移，发达国家可以将其先进的技术传授给发展中国家，帮助他们培育新的产业。通过引进先进技术，发展中国家可以在新兴领域建立自己的产业基础，从而实现经济结构的升级和转型。这有助于发展中国家摆脱对传统产业的依赖，提高经济的多样性和韧性。技术引进、技术模仿和技术创新是发展中国家工业化进程中产业发展的必然阶段。

发展中国家产业的形成和发展主要分为两个阶段：一是技术引进和模仿阶段，二是技术创新阶段。在工业化初期，发展中国家通过吸引外国直接投资和技术引进，带入发达国家的成熟产业技术，推动本国产业结构升级，省略了一些转换阶段。但是值得注意的是，引进模仿只能带来短期效应，因为这一方式实际只是产业结构比例快速重置，反映国际产业结构演进时序向量在空间结构上的布局调整，并非实质上的技术跨越。更为严重的是，如果仅仅停留在引进和模仿阶段，很容易使本国经济陷入依附性和边缘化、“引进—模仿—落后—再引进”的怪圈中。因此，当发展中国家基本完成工业化任务后，利用国际产业结构调整和重组的机会，通过吸收消化、引进技术实现自主创新，在关键领域实现产业技术的跨越，最终培育知识密集型主导产业，推动产业结构持续升级。韩国的工业化发展过程就是一个成功的例子，在其工业迅速发展和产业升级过程中，技术能力长期积累基础上产生的技术创新是最重要的因素，其内在机制是从模仿到创新的技术战略实现过程。

韩国工业的成功发展离不开外商直接投资与技术转移。这两个因素在韩国的经济发展中发挥了重要作用，帮助韩国快速提高了产业技术水平，并迅速打入国际市场。外商直接投资带来的技术外溢效应，包括产业联系、人才培训、市场竞争等方面，为韩国企业的成长壮大和国际市场份额的占领提供了有力支持。

首先，技术转移对于韩国电子产业的发展起到了至关重要的作用。通过与跨国公司建立合作关系，韩国企业能够获取先进的技术知识和经验。跨国公司通常在技术创新和研发方面具有较高的能力和资源，他们将这些技术知识和经验转移到韩国，帮助韩国企业提高自身的技术水平。通过技术转移，韩国电子产业得以快速学习和吸收先进技术，从而在短时间内取得了令人瞩目的发展成果。

其次，外商直接投资为韩国电子产业带来了技术外溢效应。外国企业在韩国设立生产基地或合资企业，不仅带来了资金和市场资源，还将先进的管理经验和技术标准引入韩国。这种技术外溢效应在产业联系、人才培训和市场竞争等方面产生了积极影响。外商直接投资激发了韩国企业间的合作与竞争，促使它们不断提高自身的技术能力和产品质量，以适应国际市场的需求。

最后，外商直接投资还为韩国电子产业提供了更广阔的市场机会。通过与外国企业合作，韩国企业能够借助其全球销售网络和品牌影响力，迅速打入国际市场。外商直接投资带来的国际市场份额和销售渠道的拓展，为韩国企业提供了更大的发展空间和机会。这不仅有助于韩国电子产业的增长，也为韩国经济的整体发展做出了重要贡献。

韩国电子业的发展历程，对我国的发展具有一定的借鉴意义。

第一，韩国政府积极扶持大企业集团的发展，促进了技术转移与溢出，推动了产业技术水平的提升。政府为大企业集团提供了广泛的支持，包括财政补贴、税收优惠、研发资金等。这些支持政策帮助大企业集团在技术研发、生产创新和市场拓展方面取得突破。同时，大企业集团在国内外的业务拓展中，通过与合作伙伴的技术转让和合作，促进了技术的传播与扩散。这种技术转移与溢出的过程，使得韩国电子产业能够迅速吸收先进技术，提升自身的技术水平，实现产业的快速发展。

第二，韩国充分利用竞争因素，引进跨国公司发展电子产业，提高了技术水平。韩国政府通过提供优惠条件和便利措施，吸引了许多跨国公司在韩国设立生产基地或合资企业。这些跨国公司通常具有先进的技术和管理经验，它们的进入为韩国电子产业带来了技术创新和竞争压力。通过与跨国公司的合作，韩国电子产业得以迅速学习和吸收先进技术，提高自身的创新能力和竞争力。

第三，韩国在重点产业吸引外资时，采取了优惠政策吸引高科技领域的投资，促进了技术进步。韩国政府针对高科技领域制定了一系列的优惠政策，包括税收减免、研发补贴、知识产权保护等。这些政策吸引了大量的外资投入韩国的高科技产业中，推动了技术的引进和创新。外资的引入不仅带来了资金和市场资源，还带来了先进的技术和管理经验。通过与外资企业的合作，韩国企业得以学习和吸收先进技术，提高自身的技术能力。

第四，韩国在不同经济发展阶段实行不同的引进外资政策，通过引导外资服务技术升级取得技术进步。在韩国的经济发展过程中，政府根据不同阶段的需求和目标，制定了相应的引进外资政策。早期阶段，韩国政府主要吸引外资来填补国内技术和资金的短缺，提高产业的生产能力和竞争力。随着经济的发展，政府开始引导外资服务于技术升级和产业转型。政府鼓励外资企业在韩国进行研发和创新，推动技术的引进和创新，实现技术进步和产业升级。

第五，韩国大量投入技术开发和建立自主研发体系，减少对外技术依赖，实现了技术的赶超。韩国政府高度重视技术创新和研发，大力支持企业进行技术开发和创新。政府提供了丰富的研发资金和支持措施，鼓励企业进行自主研发，培育自主知识产权。通过大量投入技术开发，韩国企业逐渐减少了对外技术的依赖，实现了技术的赶超。韩国建立了完善的自主研发体系，培养了大批技术人才，推动了技术的创新和应用，为电子产业的发展提供了坚实的技术基础。

三、政府方面的限制因素

政府方面的壁垒主要是指一些国家政府，尤其是一些发达国家的政府，出于某种目的而采取的限制技术出口的措施对技术国际移动所造成的阻碍。

一方面，一些发达国家政府通过出口管理法律严格管制向其他国家出口的高新技术、战略性物质和敏感商品。例如，美国对技术贸易的管理主要体现在对技术出口的限制上。美国对技术出口的管制开始于第二次世界大战时期。1949 年美国制定了第一部出口管制法，1965 年美国国会又通过了《出口管理法》，这是美国出口管理制度中最重要的法律。美国对技术出口管理主要遵循三项原则，即国家安全管理原则、对外政策管理原则和稀缺物资管理原则。技术出口管制是美国实行贸易歧视政策的手段。长期以来，美国通过出口许可证，采用管制货单和输往国别分组管制表的办法对向中国出口所谓战略性物质和敏感性商品进行了十分严格的限制。日本在大量引进技术的同时，严格管制技术的出口，特别是对中国的技术出口。日本政府通过修改《出口贸易管理法》，对违反所谓禁运规定的日本企业实行更严厉的惩罚，在技术产品方面强化审批和限制措施，给中日贸易带来了一定的消极影响。欧盟作为区域经济一体化组织，制定了统一的出口管制措施，2000 年 6 月欧盟理事会通过的“1334 号法令”。该法令详细列举了军民两用品的技术清单和武器清单。除此之外，欧盟各国也根据本国情况制定各自的出口管理制度。

另一方面，以美国为首的西方发达国家还通过缔结条约，建立国际出口管制联盟，共同对一些出口到所谓受管制的国家的技术和商品进行控制，最著名的是“巴黎统筹委员会”（简称巴统）。巴统解散之后，包括巴统 17 国在内的 33 个主要西方国家于 1996 年 7 月在荷兰签署了《瓦森纳协定》，决定实施新的控制清单，中国同样在被禁国家名单之列。从巴统到瓦森纳，60 多年来，西方的出口管制政策严重阻碍了国际技术贸易的正常发展，造成一些国家与西方发达国家之间的技术差距越来越大，使得中国与一些国家的高新技术产品贸易不平衡现象日益严重。

四、市场方面的限制因素

开展国际技术转移的目的是促进技术成果的国际流动，满足各国经济发展的需要，但在具体业务中经常出现违背上述根本目标的现象，即限制性商业行为或限制性商业做法。这种限制性商业行为违反了国际技术转移的平等互利原则，给技术被许可方带来损害，也影响了国际技术转移的健康发展。

（一）限制性商业行为的定义

限制性商业行为普遍存在于国际贸易活动中，在国际技术转移中尤为突出，表现形式也是多种多样的。目前，世界各国的科学技术和经济发展水平不同，在国际贸易中的地位和追求的利益不同，因此，对哪种贸易行为属于限制性商业做法，不同类型国家的意见分歧很大，尤其是发展中国家与发达国家，它们的意见对立，对许多问题的看法不一致。如美国等发达国家认为，凡是构成和导致市场垄断，妨碍自由竞争的贸易做法都属于限制性做法。而大多数发展中国家则认为，许多贸易做法本身虽不构成垄断或削弱竞争，但显然不利于或妨碍了技术引进方的经济技术发展，所以也应被看作是限制性商业做法而受到法律禁止。

1980年12月，第35届联合国贸易与发展会议通过的《管制限制性商业做法的一套公平原则和规则多边协议》对限制性商业做法做了如下定义：凡是通过滥用或者谋取滥用市场力量的支配地位，限制进入市场或以其他方式不适当地限制竞争，对国际贸易，特别是发展中国家的国际贸易及其经济发展造成或可能造成不利影响，或者是通过企业之间正式的或非正式的、书面的或非书面的协议以及其他安排造成了同样影响的一切行动或行为都叫作限制性商业做法。

根据上述内容，我们给限制性商业行为下了个定义：限制性商业行为是指个人、企业或经济组织，利用其垄断技术和对市场的支配优势，限制其他个人、企业或其他经济组织进入市场和自由竞争以及条件不对等的歧视性做法。如果将这些内容规定在合同中，我们称它为限制性商业条款。如在合同中规定单方面回授条款、不合理地限制对方的出口市场和出口产品的数量条款等。限制性商业行为通常具有如下特征。

①实施主体是个人、企业或经济组织。在发展中国家的技术转移中，发达国家和拥有技术优势的跨国公司往往是主要的技术提供者，发展中国家则主要是技术引进者。

②利用某种优势，如专利、专有技术和商标等的垄断优势，在技术转移中处于有利的市场支配地位。

③这种行为多是一种不合理、不公平的限制竞争或实行歧视的做法。大多数情况下，这种做法是提供方强加给受让方的，对受让方的贸易和经济技术造成不合理的限制，甚至是为法律所禁止的做法或合同规定。

（二）限制性商业行为的内容及其表现

世界各国对限制性贸易行为的界定不尽相同。根据各方面的观点，联合国《国际技术转让行动守则（草案）》列出了20项限制性商业行为，其大致内容如下所述。

①单方面回授。即要求被许可方将取得技术后所做出的改进转让给许可方，而许可方无须支付费用和承担任何义务。此种转让是单方面的，非互惠的。

②不允许被许可方对专利权的有效性提出异议。许可方通常会在合同中明确约定，对于被许可人转让的专利技术，其效力不能质疑。

③独家经营。许可方有权就相似或具有竞争性质的技术或产品同其他人订立销售或代理协议，而该等限制不涉及许可方保障其正当权益及技术机密。

④对研究和发展的限制。许可方应限制引入方就其所获授权的技术进行研发；在新产品，新工艺，新设备上进行研发时，应受到限制。

⑤对技术人员使用方面的限制。许可方规定，在某些重要的产品领域，被许可人必须雇佣授权人所指定的技师。有些许可方不仅要在合同履行过程中雇用许可方指定的员工，还要在合同到期后很久才能雇用。

⑥限制产品的价格。许可方要求对被许可方使用引进技术所生产的产品或提供的有关服务的价格进行管制。

⑦对技术修改的限制。许可方禁止被许可方按照当地实际需要修改或革新引进的技术，而这种修改和革新是引进方自行负责的，而且也不影响许可方的名称、商标、服务标志等；但这种修改和革新影响到许可方的质量保证或性能保证责任的除外。

⑧包销和独家代理权。规定被许可方向其可能的授权人所任命的代表提供产品的特许经营权，而不能向其他人授权。

⑨搭售条款。许可方迫使被许可人向许可人或向其指定的人购买不必要的技术、设备、产品或服务，并以此为前提，向许可人提供技术的转移。

⑩出口限制。许可方对被许可方产品出口的限制。这种限制又分为直接和间接两种。前者是完全禁止向被许可人本国之外的其他国家出口该产品。后者是对某一具体国家的出口实行禁令，对其出口的数量、价格及销售渠道进行了限制。

⑪ 共同专利引起的限制。某些专利持有人不是一个而是几个，由于这些专利持有人之间的协议，导致对被许可方产品的出口地区、数量、价格和市场的一些限制，从而影响到技术的转让。

⑫ 对广告宣传的限制。许可方限制被许可方对其产品和服务进行广告宣传，或者要求被许可方进行广告宣传要事先征得许可方的同意。

⑬ 工业产权期满后的限制。尽管工业产权已到期，但许可方仍要求被许可方对已经期满或失效的工业产权继续承担付款义务，或者禁止被许可方继续使用这种技术。

⑭ 合同期满后的限制。如果合同到期，或由于非被许可人的原因导致泄漏，则被许可人应停止对被转让的技术的使用。若继续使用，必须重新签订合同，支付使用费。

⑮ 对生产能力的限制。许可方将被许可方企业的生产能力限制在一定的数量之内，不准超过。

⑯ 限制质量控制方法的使用。许可方要求对被许可方的质量控制方法进行管制，或者强迫被许可方采用某些质量控制方法和标准。

⑰ 对被许可方使用商标的限制。许可方规定，被许可人生产的产品应采用其

所指定的商标、服务标识或制造商的名字；或规定被许可方必须在其产品上标注许可方姓名等。

⑱ 要求合股经营或参与管理。许可方迫使被许可方同意其提供合股资本，与被许可方共同经营，并且要被许可方同意许可方参与被许可方的管理工作，以此作为转让技术的先决条件。

⑲ 在合同期限方面的限制。许可方往往会对许可协议的期限提出较长的要求，如 15～20 年，有些则没有明确约定期限，希望能维持较长的期限。

⑳ 限制使用范围的扩大。许可方规定被许可人不得对已转让的技术进行扩散、散布，并不得将其应用于其他任何领域。

上述 20 种限制性商业行为是在国际技术转让范围内经常出现的一些限制性条款，但并不是每一个技术转让合同都包含上述内容，技术持有人经常会根据技术的价值、自身的战略目标、被转让方的情况以及商业习惯来决定采用什么样的限制策略。

另外，对于上述 20 种限制性商业行为的认定，在发达国家和发展中国家之间尚存在较大的争议。应当说随着国际技术转让的发展，还可能出现新的限制性商业行为或条款，而有些旧的限制性商业行为或条款则有可能逐渐消失。目前，国际上基本同意下列行为属于限制性商业做法。

①单方面回授条款。

②不允许被许可方对专利权的有效性提出异议。

③对被许可方修改和改进合同技术的限制。

④对被许可方使用人员的限制。

⑤对产品销售价格、数量、地区的限制。

⑥许可方对技术产品的包销或代理。

⑦搭售。

⑧对被许可方进行广告宣传的限制。

⑨工业产权期满后，许可方仍要求被许可方支付使用费或承担其他义务。

⑩在技术许可使用合同期满后对被许可方所施加的各种限制。

⑪ 限制被许可方自由购买技术和物料。

（三）限制性商业行为产生的原因及危害

1. 限制性商业行为产生的原因

首先，限制性商业行为产生于知识产权技术的专有性和垄断性。专利权、商标权是受法律保护独占的权利。任何人如想使用它，必须得到权利人的许可授权，专有技术则是以保密为前提的事实上的独占。这种法律特性使得技术持有人滥用其权利，把一些不合理的限制性做法强加给对方。

其次，在国际技术交易中，买卖双方的不平等地位使得技术转让方经常利用自己的市场支配地位，强加给对方种种限制性商业条款。

最后，在国际技术转让中，限制性商业行为是一种常见现象。转让方在授权他人使用技术的同时，也会考虑到自身可能面临的市场竞争和利润减少。虽然转让方通常会获得技术转让费用作为补偿，但他们也会采取措施限制对方的技术使用和市场扩张，以最大程度地减少自身的损失。这种利益再分配的策略反映了转让方在技术转让过程中的谨慎和利益保护意识。

2. 限制性商业行为的危害

首先，限制性商业做法是不公平的、歧视性的做法。技术供方利用其技术优势和谈判地位及能力优势，把一些不合理、不公平的条款强迫受方接受，并把它们作为转让技术的条件，如供方的技术、设备、物料和服务的价格高于国际市场价格；单方面回授条款；对受方进行技术修改和研制的限制；规定受方不得对专利的有效性提出异议的条款等。

其次，限制性商业做法有碍于自由竞争，可能会导致垄断，破坏正常的国际贸易活动。如价格歧视，对买主不一视同仁，技术供方之间实行某种联合安排，垄断和瓜分市场等。

最后，限制性商业做法不利于科学技术的传播与发展，从而影响世界经济的发展。科学技术是第一生产力，为了振兴本国经济，世界各国都在加强科技研究与开发，引进国外先进的科技成果。限制性商业做法，不仅妨碍了技术受方国家利用先进的科学技术提高自己的科技发展水平，也有碍于世界技术贸易的发展，从而减少国际贸易对各国经济发展的驱动效应。

五、企业方面的限制因素

保护技术知识产权是国际技术转让的前提，知识产权的最大特点是其独占性和专有性。这种独占性和专有性由于技术的法律特性不同而有所区别。例如，专利权和商标权是经过法律程序授权，因而受专利法和商标法的保护。而专有技术没有经过法律授权，是一种以保密性为存在前提的独占权，因而专有技术的法律保护同专利权和商标权是不同的，它没有专门的法律保护，而是援引相关法律进行保护，如合同法、反不正当竞争法、刑法等。

专有技术都是没有获得专利权的技术。有些是处于不断发展和自我完善的动态技术，尚不具备专利条件，不能获得专利权；有些则是可以获得专利权，但其所有人出于某种原因不愿意在专利申请书上将其秘密公开，主要原因是出于保持技术垄断地位、维护市场份额。例如，跨国公司在提出专利申请时，往往把其中的核心技术部分作为专有技术保留下来，以便维持其技术的垄断地位。

虽然专有技术不需要像专利技术那样要具备新颖性的标准，但它必须是秘密技术。凡是众所周知或是公众容易获得的技术知识的内容不能作为专有技术。所谓专有技术的独占权是基于其所有人将其技术知识处于保密状态而构成的一种事实上的独占权，它是非公开的、只有极少数人才掌握的秘密技术。专有技术作为一种事实上的独占权，没有严格的时间性和地域性。美国普通法的判例原则认为，只有同时具备了主观保密性和客观保密性的专有技术法律才予以保护。保密性是技术转让中一个重要的考虑因素，它可以分为主观保密性和客观保密性两个方面。主观保密性取决于技术所有人的保密意愿，而客观保密性指的是技术未被公众知晓。在司法实践中，判断主观保密性的关键在于确定是否采取了合理的保密措施。主观保密性是指技术所有人对其技术或知识的保密意愿和努力。技术所有人可能希望保护其技术不被泄露给竞争对手或公众，从而保持其竞争优势。这种保密意愿可以通过签署保密协议、限制技术转让的接收方范围以及对技术转让过程进行保密控制等方式来体现。在司法实践中，判断主观保密性的关键是评估技术所有人是否采取了合理的保密措施来保护其技术，并确定其对保密的重视程度。客观保密性是指技术或知识未被公众知晓。即使技术所有人有保密意愿，但如果技术已经被公众广泛知晓或可以轻易获取，那么客观上就无法实现保密性。在司法实践中，评估客观保密性的关键是确定技术是否已经进入公共领域、是否被广泛发布或公开使用等。

为了判断主观保密性，司法实践通常会考虑技术所有人是否采取了合理的保密措施。这些措施可以包括签署保密协议、限制技术转让的接收方范围、对技术转让过程进行保密控制等。如果技术所有人能够证明他们采取了充分的保密措施，并且在技术转让过程中保持了保密性，那么主观保密性就可以得到认可。

从某些方面来看，一些大的企业并不积极地参与技术转让交易，对技术转让十分谨慎。他们同政府对待技术出口的态度一样，但是动机完全不同。许多大企业对技术出口的限制并非出于政治风险考虑，而主要是出于对转让技术泄密的担心。因为，在当前技术竞争日益激烈的环境下，许多企业努力阻止其他企业通过各种途径来获取其技术情报。一个典型的例子就是柯达公司阻止其最大竞争对手日本富士公司的一个高级主管到美国一所著名商学校进修的例子。因为柯达公司担心这位富士主管会从柯达公司同样参加该校学习的经理们身上刺探到技术情报。最后，该校取消了原来的决定，这位日本经理只能改去其他学校学习。现在美国等许多国家的大企业或者工厂出于国家安全和企业竞争的目的，都严格限制外国参观者。

通常，跨国公司拥有强大的研发实力，投入大量资金用于新技术开发，持有一流的先进技术。相较于简单的技术转让，跨国公司更倾向于在内部使用先进技术，以维持技术垄断地位，获取最大利润。与东道国合资企业相比，跨国公司更倾向于独资经营，以保持其垄断优势。

知识资产是跨国公司构建重要的垄断优势的关键要素，它们包括专利、专有技术以及其他无形资产。这些知识资产为跨国公司提供了独特的竞争优势和市场支配力。通过控制和利用这些知识资产，跨国公司能够实现市场优势，并通过直接投资来降低利用成本，从而保持持续的竞争优势。首先，专利和专有技术是知识资产的重要组成部分。跨国公司通过拥有专利和专有技术，可以在市场上独占某项技术或产品的生产和销售。这种独占地位使得跨国公司能够控制市场供应和定价，从而获得更高的利润和市场份额。专利和专有技术的保护措施使得其他竞争对手难以复制或替代，为跨国公司提供了持续的市场优势。其次，跨国公司通过直接投资来降低利用成本，并确保持续的优势。直接投资使得跨国公司能够在目标市场建立生产设施和供应链网络，从而更好地控制生产过程和成本结构。通过在目标市场进行直接投资，跨国公司可以降低运输成本、避免贸易壁垒和政策限制，并更好地适应当地市场需求。这种直接投资的策略使得跨国公司能够提供具有竞争力的产品和服务，从而保持持续的市场优势。

知识资产的控制和利用对跨国公司来说至关重要。它们不仅提供了独特的竞争优势，还为跨国公司带来了经济效益和市场份额的增长。通过掌握专利和专有技术，跨国公司能够在市场上占据领先地位，并获得更高的利润回报。同时，通过直接投资，跨国公司能够降低利用成本，提高生产效率，并更好地满足不同国家和地区的市场需求。所以，跨国公司在对外投资和技术转让等方式的选择上，通常都首选对外直接投资，以内部化市场代替外部市场，克服外部市场失效的障碍，降低成本。

第四节　高校技术转移绩效的持续低迷

一、高校技术转移“资源禀赋”不足

高校技术转移面临着资源禀赋不足的挑战，其中投入不足和保障能力弱是制约因素。传统的投入支持不足，高校资本欠缺，政府科技投入偏低，企业创新能力不足。此外，高校和科研人员对技术转移的关注不足，管理部门过于重视教学科研，激励机制偏重论文奖励。缺乏风险投资和种子基金的支持，资金链断裂也常常导致技术转移失败。为了解决这些问题，需要加强多方合作，优化激励机制，引入风险投资，建立科技金融体系，提高资本保障能力，从而推动高校技术转移的顺利进行。

首先，投入不足是高校技术转移面临的一个重要挑战。高校在技术转移方面的资金和资源投入相对不足，往往无法满足科研人员和企业的需求。高校资本欠缺是导致这一问题的主要原因之一。高校往往依赖于政府的科技经费支持，而政府科技投入又相对较低，无法满足高校技术转移的需求。另外，企业创新能力不足也限制了其对技术转移的投入和支持。为了解决这个问题，需要加强政府对高校技术转移的资金支持，增加科技投入，提高高校的资本保障能力。同时，需要加强高校与企业的合作，引入企业的创新资源和资金支持，促进技术转移的顺利进行。

其次，高校和科研人员对技术转移的关注不足也是一个制约因素。在高校中，管理部门往往过于重视教学和科研，而对技术转移的重要性关注不足。科研人员往往将更多的精力和时间放在科研和论文发表上，而对技术转移缺乏积极的态度和动力。此外，现有的激励机制也偏重论文奖励，对技术转移的贡献没有充分的认可和激励。为了改变这种现状，需要优化激励机制，将技术转移的贡献纳入科研人员的绩效评价体系中，并给予相应的奖励和荣誉。同时，可以加强对技术转移的宣传和培训，提高科研人员对技术转移的认知和意识，激发他们参与技术转移的热情。

最后，缺乏风险投资和种子基金的支持也是高校技术转移面临的挑战之一。技术转移往往需要大量的资金投入和风险承担，而传统的融资渠道往往无法满足这方面的需求。缺乏风险投资和种子基金的支持，使得很多有潜力的科技成果无

法得到进一步的开发和推广。为了解决这个问题，高校需要引入风险投资和种子基金，为高校技术转移提供更多的资金支持。同时，高校还需要建立科技金融体系，为技术转移提供更多的融资渠道和金融服务，从而促进高校技术转移的顺利进行。

二、推进高校技术转移的“兴奋点”不强

高校技术转移面临着一系列挑战，其中包括激励机制不足、评价体系偏重论文数量、知识产权保护不完善以及企业缺乏创新动力。这些问题导致科研人员缺乏对技术转移的积极态度，企业缺乏投入和转化能力，从而使得技术转移变得困难。为了解决这些问题，需要改进评价体系、加强知识产权保护并增强企业的创新意识，从而促进技术转移的顺利进行。

首先，激励机制不足是高校技术转移面临的一个重要问题。目前，高校普遍以论文数量和科研经费作为评价科研人员的主要标准，而对于技术转移的贡献往往没有充分的认可和激励。这导致科研人员对技术转移缺乏积极的态度和动力。为了解决这个问题，高校可以建立科技成果转化的激励机制，将技术转移的贡献纳入科研人员的绩效评价体系中，并给予相应的奖励和荣誉。同时，高校可以加强对科研人员的培训和宣传，提高他们对技术转移重要性的认识，激发他们参与技术转移的热情。

其次，评价体系偏重论文数量也是一个制约高校技术转移的因素。在当前的科研评价体系中，论文数量往往被作为科研成果的主要指标，而技术转移的价值和贡献往往被忽视。这导致科研人员更加注重发表论文，而忽视了技术转移的机会和价值。为了改变这种现状，高校可以调整评价体系，将技术转移的贡献纳入绩效评价的考核指标中，并给予相应的权重和奖励。此外，可以加强对技术转移的宣传和推广，提高科研人员对技术转移的认知和意识，使其能够更加全面地评估和选择科研成果的转化途径。

再次，知识产权保护不完善也是高校技术转移面临的一个重要问题。在技术转移过程中，知识产权的保护是关键环节，但目前存在着知识产权保护不完善的情况。一方面，高校科研人员对知识产权保护的重要性缺乏足够的认识，导致技术转移过程中出现知识产权的流失和侵权现象。另一方面，企业对知识产权的保护意识较弱，缺乏对技术转移成果的合法使用和保护措施。为了解决这个问题，高校需要加强知识产权保护的宣传和培训，提高科研人员和企业的知识产权保护

意识。同时，政府可以出台相关政策和法规，加强对知识产权的保护和执法力度，为技术转移提供更好的法律保障。

最后，企业缺乏创新动力也是制约高校技术转移的一个因素。一些企业对技术转移的需求和投入意愿较低，缺乏对创新的重视和动力。为了解决这个问题，可以加强企业的创新意识和创新能力培养，鼓励企业加大对技术转移的投入和支持。政府可以提供相应的政策和资金支持，鼓励企业与高校合作开展创新项目，提高企业的技术转移能力和创新竞争力。

综上所述，一方面，由于激励机制的缺失与对知识产权的保护不够严格，科技创新成果无法得到有效的法律保护，也无法切实保障技术转让过程中的权利人与接收人的利益，这将会直接影响到转让双方的利益。另一方面，由于技术转让过程中存在的风险无法得到合理的分摊，许多技术转让与合作的机遇被扼杀。

三、高校技术转移的“堵点”疏解不够

科技中介机构在高校技术转移中扮演着重要角色，但其目前仍存在一些问题，如体制不顺、人才不足等，这些问题影响了技术转移的速度和质量。为了改进这些问题，需要加强中介机构建设，提供专业服务，促进技术转移的顺利进行。

首先，需要改进科技中介机构的体制和运行机制。目前，一些科技中介机构的运行机制相对滞后，无法适应快速变化的科技转移需求。政府可以出台相关政策，鼓励科技中介机构进行改革创新，提高服务效率和质量。中介机构可以借鉴国际成功案例，建立灵活的组织结构和管理模式，加强与高校和企业的合作，提供更专业、更高效的技术转移服务。其次，需要加强科技中介机构的人才建设。科技转移需要专业的人才团队进行支持和推动，但目前存在人才不足的问题。政府可以加大对科技中介机构人才培养的支持力度，鼓励中介机构与高校合作，开展培训和交流活动，提高人才的专业水平和能力。同时，可以吸引优秀的科技管理人员和专业人才加入科技中介机构，提升其整体运营能力。最后，高校内部的科技中介机构也需要进一步健全和完善。一些高校的中介机构存在规模小、功能单一等问题，无法满足科技转移的需求。高校可以加大对科技中介机构的投入和支持，提供必要的资源和条件，扩大中介机构的规模和影响力。同时，可以加强与企业和社会资源的对接，拓宽中介机构的服务领域，为科技转移提供更全面的支持。

四、政府、高校技术转移的“共同体”意识不强

高校技术转移需要整合多方力量，打造系统创新平台。当前，供需不匹配是导致技术转移效益不足的一个重要问题。为了解决这一问题，政府、企业和高校需要加强信息沟通与协同合作，借鉴国际成功案例，建立多元化、流畅的信息沟通机制，促进技术转移体系的顺利运行和协同创新发展。

首先，政府、企业和高校之间需要加强信息沟通和共享。政府可以发挥引导作用，建立技术转移的信息平台，及时传达政府的政策支持、市场需求等信息给企业和高校。企业和高校也应积极参与信息共享，主动向政府提供技术需求和创新成果等信息，以便政府能够提供更准确的支持和引导。其次，可以借鉴国际成功案例，建立多元化、流畅的信息沟通机制。例如，可以设立技术转移中心或创新平台，作为政府、企业和高校之间的纽带，提供信息咨询、技术对接、项目推进等服务。这些机构可以利用现代信息技术手段，建立在线平台，方便各方进行信息交流和合作洽谈。同时，可以举办技术转移峰会、研讨会等活动，促进各方的交流与合作。再次，政府、企业和高校之间需要建立协同创新的机制和平台。可以通过建立联合研究院、共享实验室等方式，促进高校与企业之间的深度合作，共同开展创新研究和技术转移。政府可以提供政策支持和资金投入，鼓励企业和高校共同参与创新项目，共享研发成果。最后，需要加强人才培养和交流，促进技术转移的协同创新。政府可以制定相关政策，鼓励高校教师和企业人员之间的交流与合作，推动科研人员和技术人员的互动与合作，建立人才交流的机制和平台，提供人才流动的渠道，促进高校和企业之间的人才共享和合作培养。

五、技术转移的政策“组合拳”不够好

一是部分政策法规的立法意图与技术转移的导向目标相冲突。2009 年出台的《事业单位国有资产使用管理暂行办法》规定，中央级事业单位利用国有资产对外投资，单项或批量价值在 8 000 万元人民币以上的，经主管部门审核后报财政部审批。这一政策规定，本意是规范资产运作，但是实际操作中却使得技术转移审批环节增多，时间拉长（关于教育部备案的时间周期，被调研单位普遍给出的数据是不少于半年），这既不利于高校及科研院所的技术转移，又使知识产权的归属产生歧义，实际制约了技术转移的开展。这个制约性规定持续了将近十年，直到 2019 年才得以修订。可以看到，政府已经逐渐意识到了这个弊端。2019 年 3 月，财政部公布了《财政部关于修改〈事业单位国有资产管理暂行办法〉的决定》

（以下简称《决定》），对《事业单位国有资产管理暂行办法》进行了修改。国家设立的中央级研究开发机构、高等院校对其持有的科技成果，可以自主决定许可、作价投资，无须报主管部门、财政部审批或备案。这是一个相当大的进步。除此之外，新修订的规则还明确了转化科技成果所获得的收入全部留归本单位。将其持有的科技成果转让、许可或者作价投资给国有全资企业的，可以不进行资产评估；转让、许可或者作价投资给非国有全资企业的，由单位自主决定是否进行资产评估。但是，很显然，这些规定仍然强化了高校科技成果作为国有资产的属性。只要具有“国有资产”的属性，高校科技成果一旦转化价格偏低，就可能面临“国有资产流失”的追责。特别是在我国高校的科研活动中，原始创新多由政府性基金支持，导致了职务发明归属问题，根据我国现行法律规定，高校教师在履行职务或者使用学校的资源进行科研创新时产生的发明创造属于职务发明，归属于学校。这种归属规定导致了科研人员与企业合作时的知识产权归属问题，限制了科研人员与企业的合作与技术转移。为了解决这一问题，需要通过法律规范来明确知识产权的归属。可以考虑制定相关法律法规，明确规定高校教师在科研和创新过程中产生的知识产权归属。可以借鉴国际上一些成功的经验，建立灵活的知识产权归属机制，鼓励和保护科研人员的创新成果，同时为技术转移提供更好的法律保障。

二是相关法律政策缺乏配套细则甚至相互之间不够耦合，导致无法落地操作。

尽管，国家不断颁布鼓励科研人员进行技术成果转化的措施，如《促进科技成果转化法》《实施〈促进科技成果转化法〉若干规定》《促进科技成果转移转化行动方案》，形成了科技成果转移转化工作“三部曲”，但是有些地方相应的配套细则未能落实，导致政策无法落地。部分地方更是缺乏其他领域的法律配套，导致科研人员担心后期权益无法得到保障。围绕技术转移的推进，近年来国家和地方政府均相继出台了一系列的法律法规，但由于政出多门，加上很多政策规定过于笼统，操作上存在一定障碍。

科技成果转化的过程中存在着资产评估及备案规定不一致的问题。这主要体现在各项政策法规之间存在明显的矛盾，如财政部关于事业单位国有资产管理的规定与促进科技成果转化法的政策相冲突。这种矛盾导致了政策的执行存在一些困难，影响了国有资产保护和科技成果转化的效率，形成了一种“模糊地带”。首先，资产评估及备案规定的不一致给科技成果转化带来了困扰。根据促进科技成果转化法，科技成果转化应当依法取得知识产权，并按照相关规定进行评估和备案。然而，财政部关于事业单位国有资产管理的规定要求事业单位的资产评估应当按照国家有关规定进行，这与科技成果转化法的要求存在冲突。这种矛盾使得科技成果转化的资产评估程序变得复杂和不确定，给科技成果转化的推进带来了阻碍。其次，这种不一致的规定也影响了国有资产保护的效果。科技成果转化涉及知识产权的转让和利用，而知识产权作为一种重要的国有资产，需要得到有效的保护。然而，由于资产评估及备案规定的不一致，国有资产的评估准确性和保护力度受到了影响。这可能导致知识产权价值的低估或高估，进而影响到科技成果转化的合理定价和交易效率。为解决这一问题，需要统一规范，确保各项政策法规协调一致。第一，相关部门应当加强协调，明确资产评估及备案规定，消除不一致之处。政府部门可以通过制定统一的操作指南或协调机制，建立科技成果转化和国有资产管理之间的衔接桥梁，以确保各项规定的一致性和协调性。第二，有关部门需要加强对资产评估的准确性和科技成果转化效率的监督和评估。相关部门可以建立科技成果转化的绩效评估机制，对资产评估的准确性和科技成果转化的效率进行监测和评估。通过定期的评估和反馈，及时发现和解决问题，提高资产评估的准确性和科技成果转化的效率。

技术转移利益分配的关键在于明确知识产权归属，尤其是高校教师的技术创新成果。在当前的法律和规范操作中，需要加强相关法律法规的制定和操作性的完善，以解决高校技术转移的法律保障问题。高校作为科学研究和创新的重要场所，产生了大量的技术创新成果。这些成果涉及知识产权归属和利益分配问题，对于技术转移的顺利进行至关重要。然而，当前的情况是，高校技术转移政策和利益分配机制不够科学，缺乏明确的规范，导致知识产权归属和利益分配的争议和不确定性。为了解决这一问题，需要制定更合理的知识产权认定和管理办法。这些规范应该明确规定高校教师在科研和创新过程中产生的知识产权归属，包括专利权、著作权等。同时，还需要建立有效的知识产权管理机制，确保知识产权的保护和合理利用。这样可以为技术转移提供明确的法律依据，使各方在技术转移中的权益得到保障。此外，高校技术转移政策和利益分配机制的改进也是必要的。当前的情况是，一些高校教师创办公司来推动技术转移，这表明他们有服务社会的动力。然而，这也暴露出高校技术转移政策和利益分配机制不够科学的问题。应该建立更加科学合理的机制，鼓励和支持高校教师参与技术转移，并确保他们在技术转移中的合法权益得到保护。

第五章　知识产权与技术转移问题的解决对策

知识产权与技术转移问题是在创新和技术发展过程中经常面临的挑战。本章对其中一些问题提出了解决对策，分别是生态化发展知识产权限制制度、解决知识产权权利冲突的方法、构建与完善低碳路径下的知识产权制度、各国完善技术转移方面的政策及完善高校技术转移绩效的政策。

第一节　生态化发展知识产权限制制度

权利实际上是立法者基于其利益所做的选择，这样的决策旨在最大化地满足立法者的期望，确保最大程度地符合立法者的利益，并始终遵循特定的基本原则。立法者在做选择时，主要考虑的是确定哪些利益应当得到保障，如何进行保护，以及需要达到何种保护程度。权利限制本质上是一种对权利效应覆盖范围的额外限制，也就是对权利效力的一种束缚。权利限制也可以被看作权利所带来的负担，这种负担是立法者在权衡利弊后的抉择，其基础是对权利的清晰界定。知识产权法在维护个人私权的基础上，也需要尽力推动社会文化的进步和公共利益的实现，所以，对知识产权法来说，权利的限制制度有特殊的作用表现。从利益选择角度看，如果说法律赋予特定主体知识产权是立法者完成了第一次利益选择过程，那么知识产权限制制度则是立法者对各方利益进行二次选择的结果，权利限制从本质上说是对知识产权的效力界线的进一步划分。[①] 权利效力的实际作用范围与例外范围之间存在一种相互制约的关系：例外的范围越广，权利的实际效力范围就越受限，反过来也是如此。

一、建立基于环境利益的专利强制许可制度

专利的强制许可制度旨在避免专利持有者对专利权的不当使用，所以对他们的权利加以限制。值得注意的是，构建这一制度的主要目的是确保专利技术得到

① 陶鑫良，单晓光．知识产权法纵论[M]．北京：知识产权出版社，2004．

有效执行，进而推动相关技术的广泛应用，并确保国家、公众利益得到保护。基于生态文明的考虑，应将环境利益作为专利强制许可的事由之一。

（一）国际层面

专利强制许可，又称为非自愿许可，是指在一定情况下国家有关机关依法向第三人颁发许可证书，允许其未经专利权人的同意使用受专利保护的技术，包括生产、销售、进口有关专利产品等。同时，强制许可的使用者通常要向专利权人支付一定的补偿费。[①] 其具有国家干预性、非自愿性和有偿性等特征。强制许可的理由最初为不实施，后扩展到其他情形，诸如公共利益、国家安全、公共健康和反竞争行为的救济。

在专利强制许可问题上，发达国家和发展中国家一直存在分歧。前者认为强制许可制度会阻碍新产品的研发，因而对此持谨慎甚至反对态度；后者则认为，在主要由发达国家企业掌握和控制技术的情形下，强制许可制度可以促进技术的实施和转让，促进社会发展。在 TRIPS 协议的谈判过程中，发达国家和发展中国家都关注国际上专利强制许可制度的设计及未来走向。2001 年 11 月 14 日，世界贸易组织（WTO）第四届部长级会议通过《TRIPS 协议与公共健康多哈宣言》，WTO 总理事会于 2003 年 8 月 30 日通过了《关于 TRIPS 协议和公共健康的多哈宣言第六段的执行决议》，尽管基于各自利益的考虑，发达国家和发展中国家所追求的目标并不一致（严格限制还是尽量扩大），难免存在争议，但这至少表明基于公共健康而对药品专利实施强制许可已经取得了理论上的一致认可。全球环境公共利益相较公共健康而言，是更为重大的利益，且很多公共健康问题往往由环境恶化所引起。所以说，WTO 的成员方可以参考 TRIPS 协议第 31 条中与专利强制许可相关的条款，通过《TRIPS 协议与环境保护宣言》，其中可专门就生态专利技术与产品的强制许可加以规定：发展中成员和最不发达成员因环境污染或破坏而发生公共环境危机时，可未经专利权人许可，在其内部通过实施专利强制许可制度，生产、使用和销售有关防治环境污染或破坏的专利技术或产品。

同时，国际环境规则的制定，应坚持“共同但有区别的责任”原则，规定发达国家对生态技术的转移应承担更多的责任。有关技术（包括生态技术）贸易规范应充分考虑环境保护的需要和发展中国家的实际情况。在多边或双边投资协议中允许对高污染产业和环境服务业所需要的生态技术实施转移，可以对跨国公司的环境技术实施强制许可或平行进口以使发展中国家获得这些技术而不致负担过

① 林秀芹 .TRIPS 协议第 31 条研究 [D]. 厦门：厦门大学，2003.

重。当然，对国际层面法律文件，我们不能太苛求其可操作性。国际条约普遍具有伸缩性和原则性，涉及生态技术转移的环境国际规范和知识产权国际规范也不例外。这其实是国际合作的一种策略，基于各国发展水平和考虑问题的角度不同，太为具体的国际条约往往不易通过，反而伸缩性较大的国际条约可以为各国所接受并得以顺利通过。因此，涉及知识产权和环境保护的国际条约的原则有些模糊和抽象在所难免，其具体化只能通过国内法来完善。

此外，“全球契约”计划可以作为促进生态技术转移的一种思路。在 1995 年的世界社会发展首脑会议上，联合国副秘书长科菲·安南（Kofi Annan）提出了“全球契约”的构想。之后，在 1999 年 1 月的达沃斯世界经济论坛年会当中，科菲·安南正式提出了“全球契约”的计划，最终在 2000 年 7 月正式启动该计划。该计划呼吁全世界所有公司严格遵守关于人权、劳工准则、环境保护和反腐败等十大核心原则，并要求世界范围内的各企业领导遵循具有共同价值观的一套必要的社会规范，即“全球契约”。这将促使各企业与联合国的各个机构、国际劳工组织、非政府组织等建立良好的合作伙伴关系，从而构建一个广泛与平等的全球环境。此计划旨在鼓励全球的跨国企业积极参与其中，以减轻经济全球化带来的负面效应，并有效推动经济全球化的积极发展。从更高层面而言，生态技术的无障碍转移和全球环境危机的解决需要全体人类的共同行动与合作。

“全球契约”规定所有企业必须在其影响范围内遵循、支持并执行一套涵盖人权、劳工准则、环境保护和反腐败等内容的基本原则。这些基本原则源于《世界人权宣言》《关于工作中的基本原则和权利宣言》《里约宣言》，它们覆盖了四大领域，具体如下所述。

首先，关于人权的议题。各企业都必须遵守并维护国际上普遍接受的各种人权，且不可做任何忽视或侵犯人权的行径。

其次，关于劳工的标准问题。企业有责任保护结社的自由，并接受劳资双方进行集体谈判的权利；完全根除所有种类的强制劳动；不可雇用未成年人；必须消除任何形式的歧视。

再次，关于环境的问题。企业在面对环境问题时应提前做好准备，主动增强自身对环境保护的责任感，积极推动环境友好技术的更新和普及。

最后，反贪腐问题。各企业都应当坚决反对所有种类的贪腐行为，这些行为包括但不限于敲诈、勒索以及行贿和受贿等。

（二）国内层面

国际层面的原则规定，需要国内法律制度将其具体化。环境问题的解决需要对原有的法律体系进行改造，强制许可制度的重构是实现专利制度生态化的必然要求和具体举措。根据我国2008年第三次修订的《专利法》《专利法实施细则》、国家知识产权局2003年颁布的《专利强制实施许可办法》和2005年颁布的《涉及公共健康问题的专利实施强制许可办法》的规定，我国有三种情形的强制许可：滥用专利权的强制许可；因为公共利益的强制性许可；对从属专利进行强制性的许可。上面提到的强制许可制度并没有直接体现出环境保护的要求。尽管这些制度明确规定了以社会公共利益为基础的强制许可，但这些环境利益并没有被切实归为“社会公共利益”的范畴。

TRIPS协议并没有对“公共利益”进行确切的规定，只是允许不同的国家能够根据本国国情来确定“公共利益”的具体内容和范围。“公共利益”这一概念涵盖了广泛的意义，各个国家对它的解读都存在差异。在某些国家，法律规定可对某些涉及专利的产品采取强制许可，如食品、药品、外科或治疗设备等。有的国家在立法中明确规定“公共利益”的范围，例如，巴西的第3201/99条例将公共利益定义为包括公共健康保护、满足营养需求、保护环境，以及其他对巴西技术、社会和经济发展具有根本重要性的领域。加拿大和波兰都已正式把环境保护作为公共利益的一部分来考虑。在欧盟，所有成员国的法律都允许其出于公共利益的考量来颁发强制性的许可，尽管对于公共利益的理解存在差异，但不同的国家已经达成了一个共识，即将国防需求、环境问题解决、增加能源供给、提升人工安全和疾病治疗纳入公共利益的考虑范围内。《美国专利法》中并没有针对专利滥用或者公共利益而专门规定强制许可制度，而是散见于诸多法令中，如：《空气清洁法》规定了对控制空气污染的发明的强制许可，《原子能法》规定了对原子能发明的强制许可，《植物品种保护法》中规定了对有性繁殖的新植物品种的强制许可。且在美国的司法实践中出现了基于环境保护的专利强制许可。

日本学者富田彻男曾在其《市场竞争中的知识产权》一书中表示，初看起来知识产权是一种先进制度，然而实际却是一种既能促进也能延滞国家产业发展的制度；中国目前正在大力关注技术转移和技术开发，能否有效利用这一制度将是决定今后中国发展至关重要的一环，应当像慎重利用药物一样，慎重利用这一必要制度。[①] 作为一个发展中国家，我国在解决环境问题上所拥有的技术和资金并

① 富田彻男．市场竞争中的知识产权[M]．廖正衡，译．北京：商务印书馆，2000.

不多。因此，我们需要最大化地利用 TRIPS 协议中存在的制度空间，学习其他国家的优秀经验，并进一步促进我国的强制许可制度的进步与完善，从而保证其能够充分发挥相应作用。

首先，在《专利法》第 1 条中应明确规定环境保护的宗旨，并在《专利法实施细则》或《专利审查指南》或《专利实施强制许可办法》中加以细化，明确将环境保护纳入“公共利益”的范围作为强制许可的理由。与其他各种因素相比，环境利益更加契合公共利益需求。值得关注的是，很多时候，公共利益都被用于遮掩公权力滥用问题，所以，我们应当从多个方面进行综合考量，以便明确多大的环境利益可以被视为公共利益。其次，我们还可以参考美国的经验教训，在对应的法律体系中明确要求对环境友好的专利技术进行强制性的许可，并进一步明确这种强制许可的具体条件与流程。可考虑对生态专利技术申请强制许可的时间由专利被授予 3 年后改为更短的时间，以加速生态专利技术转化，并防止专利丛林的出现。最后，应参照《涉及公共健康问题的专利实施强制许可办法》规定，由国家知识产权局颁布涉及环境保护问题的专利实施强制许可办法。对于那些可以影响人的身体健康和生命的具有专利权的药物，实行强制许可无可非议。但是，对于那些能够更广泛、更持久地影响人类存续与环境保护的生态技术和产品，在特定的情况下，强制许可的实施也是无须置喙的。为了使得那些生产能力不足或没有生产能力的生态技术产品的需求方可以有效利用生态技术产品，可在未经专利权人许可的情况下，使用治理和防治环境污染与破坏的生态专利技术产品。同时，可考虑将实施强制许可的范围扩展至非专利技术。当国家在环境问题上处于紧急状态时，可自由使用和征用有关的专利技术和非专利技术，同时，也应防止国家公权力的滥用，以免削弱相关主体对技术创新和投资的积极性。以上这些措施均有利于生态技术的移转、扩散和转化，发挥生态技术的环境效应，避免造成智力浪费。

二、协调商业秘密保护与环境利益的关系

商业秘密保护的环境限制主要涉及环境信息披露制度。构成商业秘密的要件之一是保密，环境信息披露要求公开相关环境信息。两者对信息的要求是对立的，特别是商业秘密所保护的信息涉及环境信息时，如何平衡商业秘密保护所涉及的私人利益与环境保护所涉及的公共利益之间的关系，这是本节要探讨的问题。

（一）商业秘密和环境信息披露的基本内涵

1. 商业秘密的内涵

关于商业秘密的称谓有多种，如“未披露过的信息”、工业秘密（安第斯条约）、营业秘密（中国台湾）、商业秘密（中国、日本、韩国等）。

TRIPS 协议第 39 条将商业秘密称为“未披露过的信息”，并做出如下解释。

①在某种程度上，这被视为秘密，也就是说，这一信息作为一个整体或其内部内容的确切组合，并不是一般从事信息相关工作的人普遍能够了解或轻易获取的。

②由于它是秘密，因此具有很高的商业价值。

③合法拥有该信息的个体，已经采取了适当的手段以确保相关信息的保密性。

美国《统一商业秘密法》通过列举的方式对商业秘密进行定义：商业秘密是指特定信息，包括配方、样式、编辑产品、程序、设计、方法、技术或者工艺等。这类信息具有实际或者潜在的独立经济价值；持有者在合理状态下，已尽到维护其秘密的努力。

日本在《不正当竞争防止法》中规定，商业秘密是指作为秘密进行管理，尚未众所周知的生产方法、销售方法及其他经营活动中使用的技术或经营上的情报。

中国台湾地区营业秘密法的第 2 条中，明确定义了营业秘密，即方法、技术、制程、配方、程式、设计或者其他可用于生产、销售或经营之资讯，唯须符合以下几点。

①非一般涉及该类资讯所知者。

②因其秘密性而具有实际或潜在之经济价值者。

③所有人已采取适当之保护措施者之要件。

此外，在公平交易法中还提到产销机密、交易相对人资料或其他有关技术秘密。[①]

在我国法律规范中，“商业秘密”这一概念最早出现在 1991 年《民事诉讼法》中，但对其进行明确定义的是 1993 年的《反不正当竞争法》。根据该法第 9 条的规定，商业秘密是指不为公众所知悉、具有商业价值并经权利人采取相应保密措施的技术信息、经营信息等商业信息。1995 年 11 月 23 日国家工商行政管理局颁布的《关于禁止侵犯商业秘密行为的若干规定》（1998 年修订）对商业秘密做了较为详细的解释。不为公众所知悉，是指该信息是不能从公开渠道直接获取的。

---

① 孔祥俊．商业秘密保护法原理[M]．北京：中国法制出版社，1999.

能为权利人带来经济利益、具有实用性，是指该信息具有确定的可应用性，能为权利人带来现实的或者潜在的经济利益或者竞争优势。权利人采取保密措施，包括订立保密协议，建立保密制度及采取其他合理的保密措施。技术信息和经营信息，包括设计、程序、产品配方、制作工艺、制作方法、管理诀窍、客户名单、货源情报、产销策略、招投标中的标底及标书内容等信息。权利人，是指依法对商业秘密享有所有权或者使用权的公民、法人或者其他组织。

因此，根据我国现行法的规定，商业秘密划分为技术信息和经营信息，前者是指凭经验或者技能产生的在实际中尤其是工业中适用的技术情报、数据或知识，后者是指具有秘密性质的经营管理方法以及与经营管理方法相关的信息和情报。

2. 环境信息披露的内涵

环境信息披露包括政府环境信息披露和企业环境信息披露。前者主要涵盖了与环境保护相关的各种法律法规、政策标准等内容；可能对生态环境产生不良影响的政府的发展规划、建设活动和各类环境信息；环境行政部门的组织结构、工作流程以及执法依据等方面的信息。后者涵盖了两个主要方面：首先，企业主动选择发布的环境相关信息，如对企业成长有益的环保信息；其次，企业是因受到政府的强制性规定发布的环境相关信息，这些信息包括生产活动可能或已经对环境产生的污染及其造成的破坏程度、影响范围以及企业实施的环保措施等方面的内容。本书主要阐述的是企业环境信息披露。

企业环境信息披露制度的理论基础之一是公民环境知情权，其实质是环境公共利益对企业利益的制约与限制。我国已有相关环境法律制度对环境信息披露做了规定（见表 5-1-1），这为企业环境信息披露和公民环境知情权的实现提供了法律依据。

表 5-1-1　我国涉及环境信息披露的主要法律法规

生效时间/年	法律法规名称	主要规定
2015	环境保护法	县级以上人民政府环境保护主管部门及其委托的环境监察机构和其他负有环境保护监督管理职责的部门，有权对排放污染物的企业事业单位和其他生产经营者进行现场检查。被检查者应当如实反映情况，提供必要的资料。实施现场检查的部门、机构及其工作人员应当为被检查者保守商业秘密。（第 24 条）各级人民政府环境保护主管部门和其他负有环境保护监督管理职责的部门，应当依法公开环境信息、完善公众参与程序，为公民、法人和其他组织参与和监督环境保护提供便利。（第 53 条）
2012	清洁生产促进法	省、自治区、直辖市人民政府负责清洁生产综合协调的部门、环境保护部门，根据促进清洁生产工作的需要，在本地区主要媒体上公布未达到能源消耗控制指标、重点污染物排放控制指标的企业的名单，为公众监督企业实施清洁生产提供依据。（第 17 条）
2018	环境影响评价法	除国家规定需要保密的情形外，对环境可能造成重大影响、应当编制环境影响报告书的建设项目，建设单位应当在报批建设项目环境影响报告书前，举行论证会、听证会，或者采取其他形式，征求有关单位、专家和公众的意见。建设单位报批的环境影响报告书应当附具对有关单位、专家和公众的意见采纳或者不采纳的说明。（第 21 条）
2003	关于企业环境信息公开的公告	各省、自治区、直辖市环保部门应按照《清洁生产促进法》的规定，在当地主要媒体上定期公布超标准排放污染物或者超过污染物排放总量规定限额的污染严重企业名单。（第 1 条）必须公开的环境信息包括：企业环境保护方针、污染物排放总量、企业环境污染治理、环保守法、环境管理等。（第 2 条）
2005	国务院关于落实科学发展观加强环境保护的决定	企业要公开环境信息。对涉及公众环境权益的发展规划和建设项目，通过听证会、论证会或社会公示等形式，听取公众意见，强化社会监督。（第 27 条）
2006	环境影响评价公众参与暂行办法	建设单位或者其委托的环境影响评价机构在编制环境影响报告书的过程中，环境保护行政主管部门在审批或者重新审核环境影响报告书的过程中，应当依照本办法的规定，公开有关环境影响评价的信息，征求公众意见。但国家规定需要保密的情形除外。（第 5 条）
2008	环境信息公开办法（试行）	企业应当按照自愿公开与强制性公开相结合的原则，及时、准确地公开企业环境信息。（第 4 条）企业不得以保守商业秘密为借口，拒绝公开前款所列的环境信息。（第 20 条）
2015	企业事业单位环境信息公开办法	企业事业单位环境信息涉及国家秘密、商业秘密或者个人隐私的，依法可以不公开；法律、法规另有规定的，从其规定。（第 6 条）

企业环境信息披露的另一理论基础是公司社会责任理论。该理论最早源于美国，尽管对其定义各异，但通常认为，公司社会责任是指公司董事作为公司各类利害关系人的信托受托人，而积极实施利他行为，以履行公司在社会中应尽的责任。公司社会责任经过理论探讨和实践流变，不同时期其内容各异。最初仅指公司向医院等福利机构进行的捐助行为；二战时期公司追求一切能争取战争胜利的方法；战争结束后，福利援助、建设援助乃至反歧视招聘等都曾被归类为公司社会责任。随着20世纪60年代环保运动的勃兴，环境保护也纳入企业社会责任之中，并逐渐成为关注的重点。

（二）环境信息披露与商业秘密保护的冲突

1. 对象冲突

环境信息从企业环境政策、绩效到排污种类、数量，原材料使用目的、计划，目标价值及其完成情况等均包含在内，在广泛的信息披露中必然有些信息涉及企业的技术和经营秘密。自2008年5月1日开始施行的《环境信息公开办法（试行）》中明确了国家鼓励企业主动公开的环境信息，这些信息包括企业的环境保护策略、每年的环境保护目标以及其实际效果；每年的资源消耗总量；关于企业在环保方面的投资以及环境技术的研发状况；公司排放的污染物的具体情况；关于企业环境保护设备的建设与操作状况；企业在生产活动中产生的废弃物的处理情况，以及废弃产品的回收利用情况；企业与环境保护部门签署的旨在改进环境行为的自愿协议；企业在履行其社会职责方面的表现；企业主动披露的其他环境相关信息。对于那些污染物排放量超出国家或地方的排放标准，或者污染物总排放量超出地方人民政府设定的排放控制指标的污染严重企业，它们必须向公众公开以下详细信息：企业的名称、地址以及法定代表人；主要污染物的名称、排放途径、排放情况；企业环境保护设施的建设与运行；针对环境污染事故的紧急应对计划。此外，企业不应以维护商业机密为理由，拒绝向公众透露上述的环境信息。环境信息的公开内容包括了生产过程中废气排放的具体情况，以及企业对危险物质的处理情况，这种类型的信息通常能够揭示企业所使用的独特配方或制造工艺。当竞争对手掌握了这些关键数据，并结合信息搜集和反向工程等合法方法时，他们更容易了解该企业的商业机密。

凡是与市场竞争有关的保密信息均可能构成商业秘密。商业秘密的信息范围相当广阔，任何从正面定义的尝试都不能得到预期效果，任何企图用法律穷尽其内容的做法，结果必然是徒劳的，法律定义中至多只能做一些提示性的列举。商业秘密保护的信息越广，与环境信息披露冲突的可能性越大。

信息的内容是既定且有限的，环境信息披露所要求披露的信息和商业秘密所要保护的信息的范围却在扩张，就像两个不断扩大的圆，必定产生交集，而且随着两个制度的完善，交集的面积会逐步扩大，冲突的可能性也会增加。

2. 原则冲突

广泛的信息披露要求是环境规则的特点之一。环境立法和规则要求广泛的信息披露致使在环境技术中保护商业秘密十分艰巨。而商业秘密持有者为获得市场竞争优势，则必须采取保密措施。为实现各自目的，两种制度对信息拥有者提出了截然相反的要求——公开原则与保密原则。

由于商业秘密具有公众所不了解的特性，这使得它与环境信息披露制度之间不可避免地会出现冲突和矛盾。为了获得商业秘密，企业需要进行大规模的资金投入，而强化商业秘密的保护措施将有助于激发企业在技术创新方面的积极性。然而，过分的商业秘密保护可能会降低信息公开的完整性和精确度。由于环境信息披露制度遵循公开原则，这使得企业的商业秘密信息随时可能被公开。对于一些化工企业来说，包括竞争对手在内的任何个体都可能要求其公开属于商业秘密的某种化学品的具体情况，并且竞争对手还有一定的可能通过分析相应企业排放物来推测其生产流程或配方。竞争对手可以通过查看许可证轻松了解到相关企业使用了哪些控制手段。

3. 目的冲突

环境信息披露的目的之一是保护并优化我们周围的环境，预防污染和其他公共危害，维护公众的身体健康，并推动社会主义的现代化发展。其基本理念是环境公益、环境秩序和环境正义。商业秘密的保护并不单纯局限于对财产的保护和对个人利益的保护，从更广泛的意义上讲，它具有维护竞争秩序的共同原理。① 这类法律法规主要是为了对市场主体的特定商业信息进行保护，并对所有违反商业道德和法律规范的行为进行阻止与制裁，其重点是保护商业秘密所有者的利益。为了保护所有利益相关方的环境利益，有必要通过法律手段确保企业能够全方位、及时地向公众披露环境信息，并接受社会的监督，并且为了保护企业的经济利益和竞争力，以及确保市场的公正秩序不被破坏，法律有责任维护企业的商业秘密。企业既可能是保密信息的权利主体，又可能成为信息披露的义务主体。全面的披露会使商业秘密失去价值，挫伤企业进行技术创新的积极性；完全的商业秘密保

---

① 崔明霞，罗超．论商业秘密的国际保护[J]. 中南财经政法大学学报，2005 (4)：130—135，144.

护，又可能危及环境利益。两者目的的冲突显而易见，其实质是社会公共利益与商业秘密所有人个体利益之间的冲突。

（三）环境信息披露与商业秘密保护的协调

1. 协调的可能

在法的创制过程中，认识各种社会利益是法的创制活动的起点，对各种社会利益做出取舍和协调，是法的创制的关键。[①]环境信息披露制度与商业秘密保护制度的冲突即为环境公共利益与企业个体经济利益的冲突。但商业秘密中蕴含表现为确保维护商业道德和倡导诚信经营、鼓励研究与革新等的公共利益。保护商业秘密含有保护私权和公益的双重价值目标。环境信息披露也有保护私人权益的目的，它可以保证投资者依据全面的信息做出正确的投资决策，维护投资者的合法权益。这体现了环境信息披露与商业秘密保护的实质统一：维护投资者利益和资本市场秩序。无论是积极还是消极的环境信息披露都会给企业带来良性的刺激，即能够引导企业修正经营模式，顺应社会价值取向。而社会价值取向通常受道德标准左右，因此，信息披露能够引导企业自觉遵守商业道德，并激励企业努力寻求减少、消除污染的生产方式或开发环保产品，这同样能实现鼓励研究和创新的目的。因此，两者具有协调的可能性。

理论上，两种制度在最终目标上可以统一，正是在这个最终目标下，各种制度才能多元共存。法本是利益分化和利益冲突的产物，实质就是利益制度，即保障和维护利益的制度。协调和分配利益是法创制的核心内容，哪些利益应当予以承认和保护，哪些利益应当予以否定和限制，保护和限制的界限在哪里，立法者用确认和分配权利义务的法律形式回答这些问题。[②]化解环境信息披露和商业秘密保护冲突的关键在于如何平衡，而实现平衡的关键在于商业秘密保密抑或公开的范围和标准，这是发挥两种制度各自作用，消除彼此矛盾的关键。国外已有的经验表明，在环境信息披露过程中商业秘密面临的威胁并没有预想的大，只要采取的协调措施得当，商业秘密保护制度和环境信息披露制度均能发挥各自的作用，并能促进彼此完善。

2. 协调的原则

（1）公共利益优先原则

权益保护既是一种利益确认，又是一种道德评价。公共利益具有逻辑上的先

---

① 孙国华，朱景文．法理学[M]．北京：中国人民大学出版社，2010．

② 曹刚．法律的道德批判[M]．南昌：江西人民出版社，2001．

在性，对初始权利进行配置必须有这样一种机制或“市场”，使得利益相关者都能够表示出他们对权利的偏好或他们对这些权利的相对重要性的判断，而公共利益本身就是一种公共选择或社会选择得以进行的先决条件和前提条件，因此成为一种“逻辑上的先在”。公共利益优先是基于现实的必要。因为公共利益的优先配置能产生制度效用，即它能给社会带来巨大的实际效益。当然，为防止借公共利益之名侵害私人权益，行使公共利益应有严格的限制条件，只要满足该条件，“具体个案中的权利是可以变更的”，但是这种变更必须“不改变或危及改变这种总体的、制度化的权利配置”。①

当商业秘密保护和环境信息披露涉及的环境信息在一个较小范围时，保护商业秘密的重要性就凸显出来了。反之，所涉及的环境信息在一个较大范围时，环境信息披露的重要性就显现出来了，此时，应对商业秘密保护做一定程度的限制，这符合整体效率原则。换言之，商业秘密的保护程度，尚须从社会整体利益的角度进行衡量，保护商业秘密和环境公共利益之间的平衡应遵循公共利益优先原则。如英国 2000 年通过的《信息公开法》，在遵循公共利益原则的前提下，详细列举了可不予公开的信息，其中包括损害经济利益的信息。但为保障公共利益，即使是某个信息符合例外情况，对于它是否公开也应该考虑公共利益。保护商业秘密的前提是不损害公共利益。

全社会普遍对环境问题表示关心，而环境信息的公开透明与环境的公共利益有着紧密的联系。所以说，尽管提供环境信息者可能以营商秘密为理由阻止政府公开其环境数据，但其仍然应当受到公共利益的制约。根据加拿大的《环境保护法》，如果提供环境信息的机构向环境部长解释其不公开的原因是合理的，但是在以下情况下，仍然需要公开这些环境信息。首先，这些信息的发布对于环境保护、公共健康或公共安全都是有益的；其次，在重要性方面，公布的公共利益往往高于公开可能会导致的任何形式的物质损失、经济损失或竞争地位受损或公开任何可能侵犯个人隐私、声誉或人格尊严的信息。

（2）差别披露原则

尽管环境信息披露制度为所有利益相关者提供了环境知情权，但这一权利的完全实现并不能完全依赖无条件的信息披露。要求企业对各类环境知情权主体统一披露环境信息不切实际，且不利于保护企业的商业秘密。为兼顾商业秘密持有

① 林来梵，张卓明．论权利冲突中的权利位阶：规范法学视角下的透析 [J]. 浙江大学学报，2003（6）：6—14.

者的利益和满足不同利益相关者对环境信息的要求，有必要遵循差别披露原则，根据不同的权利主体设置不同的环境信息披露范围。

一般而言，围绕企业这一市场主体有不同的利益相关者，如投资者、债权人、雇员、政府、消费者及其他社会公众。这些主体对环境信息的要求各异，因此，应在权衡企业利益与相关者利益的基础上，针对不同主体采取不同的披露标准，这既可以最大限度地保障企业的商业秘密，也可以保障不同利益相关者合理的环境信息知情权。如对政府部门而言，企业应当全面公开法律法规所要求公开的环境信息。对自愿公开的环境信息，涉及商业秘密的，企业可不予公开；对强制公开的内容，即使涉及商业秘密，企业也应向政府部门公开，再由政府部门依具体情况决定是否向社会公开。在未决定或不能向社会公开的情况下，政府部门负有保密之责。对投资者、债权人采用相关性公开原则，有保留地公开与企业经营相关的环境信息。对雇员而言，为保障其身体健康，应让其充分了解工作环境状况，告知对其身体健康有影响的环境信息及防护措施等。对消费者和其他社会公众而言，如其认为企业的环境行为污染或破坏环境而要求公开相关环境信息时，由企业考虑是否公开。如果企业决定不公开，公众可基于环境知情权寻求行政或司法救济。

差别披露原则体现了权利限制与反限制的动态调整要求，能使商业秘密持有者的私人利益与环境公共利益在限制与反限制中实现合理平衡。若只是简单地要求企业对所有利益相关者统一公开涉及环境信息的商业秘密，任意扩大范围，则虽然保障了环境知悉权的实现，但损害了企业的经济利益，使企业丧失竞争优势进而退出市场，最终导致整个市场活力的丧失。

3. 协调的前提

商业秘密保护和环境信息披露协调的前提是相关法律制度的完善。基本思路是在商业秘密法律制度中考虑环境信息的披露，同时，环境信息披露法律制度也要顾及商业秘密保护。

(1) 基于环境信息披露的商业秘密限制制度

任何权利（利益）均非绝对，商业秘密持有人在行使权利时，应遵守社会公德，不得危害社会公共利益。因此，法律往往基于公共利益对商业秘密保护加以限制。如根据英国《法律委员会关于保密义务的法律草案》的规定，在违反保密义务的诉讼中，被告如能证明因涉及公共利益而披露或使用秘密，或原告未能说服法庭被告披露或使用秘密所涉及的公共利益小于恪守信息秘密义务涉及的公共利益，则被告对原告不负责任。

加拿大的《统一商业秘密法草案》将为公共利益披露、使用商业秘密作为免责的抗辩理由之一。该草案规定在披露和使用商业秘密的任何诉讼中，如果被告根据商业秘密的性质，披露或使用所具有的或将会具有的公共利益超过了保护商业秘密的公共利益，将不承担责任。《美国统一商业秘密法》（1985 年）规定，基于公共利益的例外，可以因支付合理的使用费而拒绝给予禁令救济。《俄罗斯联邦商业秘密法》（2004 年）规定商业秘密制度的目的不得与宪法和道德原则的要求相抵触，不得损害他人的健康、权利和合法利益，并不妨碍国防和国家安全。①

这些法律均未明确指明环境利益是否属于公共利益。公共利益的含义非常丰富，不同的国家对其理解各不相同。根据专利强制许可制度中关于公共利益范围的界定，大体可得出环境利益应属于公共利益的结论。

本书认为，环境利益理应属公共利益的范畴。相较其他因素而言，环境利益更符合公共利益的属性。环境乃人类生存之基，环境利益超越国界和意识形态，是一种真正意义上的公共利益。环境利益与每个公众密切相关，它直接关系到公众的生命、健康和财产等利益。因此，基于环境公共利益的考量，应对商业秘密保护加以限制。应注意的是，公共利益往往成为公权力滥用的庇护伞，因此，多大的环境利益属于公共利益，需要综合考虑多种因素。

总之，法律应肯定商业秘密持有人前期在劳动、资金或技术上的投入，赋予其垄断地位，但当商业秘密持有人滥用垄断地位侵害公共利益时，应建立强制性信息披露制度，在公众与商业秘密持有人之间寻求利益的平衡。②

目前尚无统一的商业秘密法，现有保护商业秘密的相关法律制度亦无基于环境利益对商业秘密保护加以限制的规定。我国在制定商业秘密法时，应考虑在其中规定环境信息披露。行政机关和司法机关在处理涉及商业秘密保护和环境信息披露的纠纷时，在暂无明确法律规定的情况下，可根据权利不得滥用、公共利益优先等原则对商业秘密保护加以必要限制。当然，基于利益平衡的考虑，披露涉及商业秘密的环境信息时应给予商业秘密持有人必要的补偿。

（2）环境信息披露中应考虑商业秘密保护

商业秘密法律制度对公众环境利益予以必要尊重的同时，环境信息披露法律制度中也应考虑保护商业秘密。因此，通常各国信息公开法以及环境信息法中都规定，若信息公开涉及商业秘密时，不允许向公众公开。如《德国环境信息法》

① 邓社民，林辉．俄罗斯联邦商业秘密法 [J]. 知识产权，2006（3）：91—94.

② 王记恒．欧共体商业秘密权滥用行为反垄断法规制的立法演变及启示 [J]. 中国工商管理研究，2007（2）：45—49.

规定，商业秘密未经授权不得披露。涉及商业秘密的环境信息如经权利人同意可以公开，不同意公开的，须向公开环境信息的政府部门说明理由。加拿大《环境保护法》规定，如环境信息构成商业秘密的信息，环境部长可以决定不公开环境信息。德国《联邦化学品法》和《联邦污染控制法》也规定了对商业秘密的保护：企业提供的数据，登记机关工作人员未经企业的授权或法律规定的行政机关的授权，不得公开，否则构成侵权。

我国环境保护总局通过的《环境保护行政许可听证暂行办法》（2004 年）规定：听证主持人在听证活动中应保守听证案件涉及的商业秘密。《政府信息公开条例》（2007 年）规定，行政机关不得公开涉及商业秘密的政府信息。《水污染防治法》（2008 年修订）第 27 条规定，检察机关有义务为被检查的单位保守在检查中获取的商业秘密。环境保护部审议通过《限期治理管理办法（试行）》（2009 年）第 7 条第 2 款规定，环境保护行政主管部门不得公开涉及商业秘密的政府信息。

由上可知，环境信息公开的内容原则上不得涉及商业秘密。企业以商业秘密为由请求不公开时，应说明理由。当然，即使构成商业秘密，在涉及环境公共利益时，也并非绝对不予公开。如美国政府出于对健康和环境的考虑，有时要求权利人公开商业秘密，要求食品生产者在其产品上准确注明成分名称。《联邦杀虫剂杀真菌剂灭鼠剂法案》要求披露杀虫剂的内容及其他大量信息。我国《政府信息公开条例》规定，行政机关不得公开涉及商业秘密的信息，但行政机关认为不公开可能对公共利益造成重大影响的，可以公开涉及商业秘密的政府信息。《环境信息公开办法（试行）》要求排污超标、超总量的企业不得以保守商业秘密为由拒绝应公开的环境信息。

4. 协调的途径

商业秘密保护和环境信息披露之间的冲突，往往是由享有环境知情权的一方要求环境信息公开而引起，因此协调之途径某种程度上可理解为环境知情权的实现途径。环境知情权是一种积极权利和消极权利相结合的综合体。该权利必须通过义务人履行其义务才能实现，是主体之间“获知”与“告知”双向互动的产物。如果企业或政府应公众的要求和基于自己的社会责任或职责，主动公开涉及商业秘密的环境信息，于此情形，冲突不会产生。但若企业不愿公开涉及商业秘密的环境信息，或政府不作为，冲突便由此而生。主要有三种情形：一是商业秘密持有者与政府之间的冲突；二是企业、社会公众与政府部门之间的冲突；三是商业秘密持有者与社会公众之间的冲突。解决上述冲突的途径大致有行政和司法两种程序。

（1）商业秘密持有者与政府之间的协调途径

政府获取的众多环境信息主要是通过进行排污申报登记、环境影响评估、发放排污许可证、现场检查以及对排污者进行排污监控来实现的。如美国《应急规划和社区知情权》法案要求企业向联邦环境保护局（EPA）提交的信息包括化学药品信息、各个生产领域的化学品清单、超过 EPA 设定的数量限度的有毒物的排放形式等。这些环境信息有些可能构成企业的商业秘密。

如企业以商业秘密保护为由不提供有关环境信息，政府可基于行政职权要求企业提供。如《俄罗斯联邦商业秘密法》（2004 年）规定如果商业秘密持有者拒绝向国家权力机关、其他国家机关和地方自治机关提供环境信息的，这些机关有权依诉讼程序调取。当然政府部门对获取的涉及商业秘密的环境信息负有保密之责。如政府部门泄密，商业秘密持有者可起诉政府侵权，要求赔偿。如果政府部门认为，虽然是商业秘密，但基于环境公共利益仍需公开的，在公开之前，应书面通知商业秘密持有者，商业秘密持有者不服的，可向作出决定的政府部门的上级机关申请复议，对复议决定不服的，有权向法院提起诉讼。复议程序非为起诉的前置程序。

如企业依法向环保职能部门提交相关数据信息时提出保密主张，应在提交时，而非在信息面临披露时才主张，并提交相关证据资料。他们主张的保密信息必须在表格中加以明确，否则，政府的相关部门会将其视为公共信息，并可能在未事先通知企业的情况下进行信息的公开。如果公众希望公开与商业秘密相关的信息，他们应当有法律所规定的合理理由做支撑，特别是当该商业秘密对公众健康构成严重负面影响或其存在和使用违反了相关的法律法规时。如政府决定公开的，在公开之前，应书面通知商业秘密持有者，如商业秘密持有者不服，或提请行政复议或直接向法院提起诉讼。在不对外公开的诉讼过程中，法官和相关行政部门的工作人员会对申请公开的资料进行评估，以确定其是否适合公开，如有需要，还可以邀请相关领域的专家给出建议。这样一来，问题基本上可以得到解决，知情权也不会轻易被用作威胁个人的借口。

（2）企业、社会公众与政府部门之间的协调途径

政府部门出于环境管理的需要，从企业那里获取的大量环境信息中有些可能涉及商业秘密。此类信息如为政府所获取，其性质就不单纯是私人所持有的保密信息，而是一种行政信息，公众则可依据相关信息自由法而请求政府部门公开涉及商业秘密的环境信息。于此情形下，应设立严格的程序规则，以保护商业秘密。《美国信息自由法》颁布后，当局原本以为来查询信息的主要是新闻机构，结果

却发现查询信息的多为企业，且相当数量的查询企业与被查询企业之间具有竞争关系。

基于此，操作程序上一个基本的准则是，政府不会像公开法律和法规那样，主动地公开商业秘密。若企业希望获取与其他企业有关的关于环境信息的商业秘密，它必须提交申请，并由政府部门进行审核，以决定是否将其公之于众；如果政府部门认为公开的商业机密可能对信息的持有者造成伤害，那么它有责任告知信息的所有者，由双方各自提出自己的主张，政府机关基于双方的主张作出裁决，不服的一方可提请行政复议或直接向法院起诉，如信息所有方主动同意公开，应与要求信息公开者签订知情保密协议，以防止同业竞争者将有关数据和技术秘密商业化使用。

如果公众要求政府机关公开涉及商业秘密的环境信息，政府机关可根据是否涉及环境公共利益决定公开与否。如果决定公开，应通知商业秘密持有人，如其不服，或提请行政复议，或直接向法院起诉。如政府机关拒绝公开，应告知申请人理由及其具有向有关机关提起复议的权利。复议期内未作出复议决定的，或申请人对复议决定不服的，申请人可向法院起诉。复议非为诉讼的必经程序。

如政府机关拒绝或不当提供环境信息造成公众人身、财产等权利损害的，政府机关应承担赔偿责任。1995 年《俄罗斯联邦信息、信息化和信息保护法》规定，申请人获得信息请求被拒绝或收到不完整信息的，可以要求获得相应的损害赔偿。又如 2001 年的罗马尼亚《自由获取公共利益信息法》规定，如果某人认为他的合法权利受到了侵犯，该人可以向法院提起行政诉讼，法院可以强制公共权力机关或公共机构提供申请的公共利益信息，并可以命令支付精神或财产赔偿。这些规定均可为我国政府信息公开法或环境信息披露制度所借鉴。

（3）商业秘密持有者与社会公众之间的协调途径

环境问题的特殊性决定了要实现环境法所确立的环境保护目标，单靠政府的环境管理是不够的，还须依赖公众参与。政府不可能收集到企业的所有环境信息，因为，按《环境信息公开办法（试行）》规定，企业是否公开环境信息（除非是超标排放的企业），基本上采取自愿原则。企业未向行政机关提供或行政机关尚未搜集到的涉及商业秘密的环境信息，应属企业的私人信息，性质上不属于行政信息。于此情形下，公众就不能请求政府公开此类环境信息。如果公众基于环境参与权和知情权要求企业公开此类信息，而企业以此类环境信息涉及商业秘密为由不愿公开的，纠纷便由此而生。在此种情形下，公众可直接向法院提起环境公益诉讼，由法院做出裁判，决定是否予以公开。这种程序设置在有些国家不存在法律上的障碍，但在我国则要完善环境公益诉讼制度。对此问题，本书不作展开。当然，公众也可以先请求有关行政机关作出处理，对其处理不服的，不得以行政机关为被告提起行政诉讼，而是直接以争议对方为被告提起民事诉讼。

第二节　解决知识产权权利冲突的方法

解决知识产权权利冲突是一个复杂而重要的问题，涉及法律、经济、技术等多个领域。本书详细探讨了解决知识产权权利冲突的方法，包括协商解决、行政查处、司法诉讼、媒体曝光、知识产权维权组织调解、加强知识产权保护意识以及制定和完善相关法律法规等方面。

一、协商解决

协商解决是解决知识产权权利冲突的一种常见方法。在协商解决过程中，双方当事人可以通过对话和谈判来解决争议。协商解决的优势在于可以节省时间和成本，并且可以保持双方的关系。在进行协商解决时，以下几点是需要注意的。

①明确权益受损事实。知识产权权利人应明确表达其权益受到侵害的事实，并提供充分的证据来支持自己的主张。这可以包括版权登记证书、专利证书、商标注册证书等。

②寻求共同利益。双方可以就侵权行为的停止、赔偿金额等问题进行讨论，并寻求达成双方都能接受的解决方案。在协商过程中，双方应尽量寻求共同利益，以达成互利共赢的结果。

③专业支持。如果需要，双方可以寻求专业人士的帮助，如律师、知识产权顾问等。专业人士可以提供法律和技术方面的建议，帮助双方更好地理解和解决问题。

二、行政查处

行政查处是解决知识产权权利冲突的另一种方法。当协商解决无果时，知识产权权利人可以向工商行政管理部门投诉，请求对侵权行为进行调查和处理。在行政查处过程中，以下几点是需要注意的。

①提供详细证据。在投诉时，权利人应向工商行政管理部门提供详细的侵权证据，包括侵权行为的时间、地点、方式，以及造成的损失。这些证据可以帮助工商行政管理部门对侵权行为进行调查和处理。

②法律依据。工商行政管理部门将根据相关法律法规对侵权行为进行调查，并可以采取一系列行政措施，如责令停止侵权行为、罚款等。因此，知识产权权利人应了解和熟悉相关的法律法规，以便在行政查处过程中提供合理的法律依据。

③合作配合。知识产权权利人应积极配合工商行政管理部门的调查工作，并提供必要的协助和配合，包括提供证据、专业意见等。通过与工商行政管理部门的合作，可以更好地保护自己的权益。

三、司法诉讼

司法诉讼是解决知识产权权利冲突的一种重要方法。如果行政查处无法解决问题，知识产权权利人可以选择向法院提起诉讼。在司法诉讼过程中，以下几点是需要注意的。

①准备诉状。权利人需要委托律师准备诉状，并提供充分的证据来证明侵权行为的存在以及自身受损程度。准备诉状时，应确保诉状的格式和内容符合法律要求，并提供充分的证据来支持自己的主张。

②法律程序。法院将根据相关法律法规和证据进行审理，并最终作出判决。在法律程序中，双方当事人应遵守法院的规定和要求，如出庭、提供证据等。

③执行判决。如果判决有利于权利人，侵权行为人将被要求停止侵权行为，并赔偿损失。权利人可以通过法院执行部门的协助，追讨自己的权益。

四、媒体曝光

媒体曝光是解决知识产权权利冲突的一种非常有效的方法。知识产权权利人可以向报社、网络等新闻媒体曝光侵权行为，以引起公众的关注。通过曝光，可以增加社会对侵权行为的谴责，给侵权行为人施加压力，促使其主动停止侵权行为。此外，曝光还可以提高公众对知识产权保护的认识，增强社会对知识产权的尊重。

在进行媒体曝光时，以下几点是需要注意的。

①准备充分的证据。在进行媒体曝光时，权利人应准备充分的证据来证明侵权行为的存在以及自身受损程度，如文字、图片、视频等形式的证据。

②选择合适的媒体。权利人应选择合适的媒体进行曝光，以确保信息能够传达给目标受众，如报纸、电视、网络等媒体。

③保护自身利益。在进行媒体曝光时，权利人应注意保护自身的利益，如保护自己的商业机密、避免泄露敏感信息等。

五、知识产权维权组织调解

知识产权维权组织调解是解决知识产权权利冲突的一种专业方法。知识产权维权组织通常具有丰富的维权经验和专业知识，可以提供法律咨询、协助起草法律文件、调解纠纷等服务，帮助权利人解决侵权问题。

在寻求知识产权维权组织调解时，以下几点是需要注意的。

①选择可靠的组织。权利人应选择可靠的知识产权维权组织进行调解。这可以通过查阅相关信息。咨询专业人士等方式来进行选择。

②提供充分的信息。权利人应提供充分的信息和证据给知识产权维权组织，以便他们更好地了解和解决问题。

③遵守调解结果：权利人应遵守知识产权维权组织的调解结果，并按照调解结果履行自己的义务。

六、加强知识产权保护意识

加强知识产权保护意识是解决知识产权权利冲突的基础。权利人应加强对自身知识产权的保护意识，定期检查自己的知识产权状况，及时发现侵权行为，并采取相应的措施维护自己的权益。如可以加强对员工的知识产权教育和培训，加强对知识产权的保密措施等。

七、制定和完善相关法律法规

为了更有效地解决知识产权权利冲突，国家应继续完善知识产权保护的法律法规体系。这包括加强对知识产权相关法律法规的立法、修改和完善，以提供更加有力的法律支持。此外，还需要加强对法官和执法人员的培训，提高他们在知识产权案件审理和执法过程中的专业素质和公正性。

第三节　构建与完善低碳路径下的知识产权制度

发达国家承担向发展中国家转移低碳技术的国际法责任，既是其历史道义的一种履行方式，更是一个具有法律约束力的国家责任。促进低碳技术转移，除了有必要在国际知识产权法律框架内对作为私权的低碳知识产权进行合理限制之外，发达国家与发展中国家还应该共同创新技术转移的方式、方法。如发达国家可以采用国家收购的方式，获取中小企业的低碳专利技术，然后向发展中国家颁发许可或免费提供。发达国家在加大低碳技术科研资金投入力度的同时，可以与科研单位或研发人员在签订资助协议时写明研发者向发展中国家推广该研发成果的责任与方式。另外，发展中国家也应该注重能力培养和制度创新，以有效地获取和利用发达国家的低碳技术。在很多情况下，可能正是由于发展中国家本身的制度缺失或缺陷，阻碍了低碳技术转移。如我们是否可以考虑对全球低碳技术进行全面检索和分析，并以此为基础构建发展中国家的低碳技术研发平台；是否可以建立许可承诺登记制度，从制度上保障专利权人与使用者之间的利益；是否应对专利说明书著作权问题进行明确等。

一、公共基金资助的低碳技术国际转移制度

近年来，很多发达国家和发展中大国对低碳技术研发提供了大量的政府资金或其他公共资金资助。例如，2009 年针对美国气候变化科学计划的预算为 20 亿美元，比 2008 年增加了 10%。英国政府在 2008—2009 年度科学预算中，决定为自然环境研究委员会拨款 3.92 亿英镑，比上一个年度增长了 5.38%。2008 年，日本政府在气候变化领域投入经费 128.89 亿日元，约占环境领域的 50%。韩国政府决定拨款 340 亿韩元进行温室气体减排相关研究，并投资 3 906 亿韩元用于实施《应对气候变化公约研发综合对策（2006—2010）》计划。中国已建立了相对稳定的政府资金渠道，“十五”期间，通过攻关计划、“863 计划”和“973 计划”等国家科技计划投入应对气候变化科技经费逾 25 亿元；截至 2007 年底，“十一五”国家科技支撑计划（2006—2010 年）已安排节能减排和气候变化科技经费逾 70 亿元。[①]

发达国家和发展中大国之所以提供巨额公共资金支持低碳技术研发，主要原因有三。

第一，应对气候变化挑战，迫切需要低碳技术。有无高效、实用的减缓和适应气候变化的技术，是能否成功应对气候变化挑战的关键性因素。过去人类科技发展更注重生产力和生产效率的提高，对低碳技术研发长期忽视，而现在为了应对气候变化挑战，则必须加大对低碳技术研发的投资。

第二，低碳技术具有公益性质，理应成为公共资金资助的重点。尤其是很多低碳技术本身并不能产生经济价值或者尚处于理论研究阶段，追求利润的私人资金自然不愿意投入或者不愿意进行大量投入，这样就需要作为公众利益代表的政府投入公共资金，促进相关低碳技术的研发。

① 赵刚．科技应对气候变化：国际经验与中国对策[J]. 中国科技财富，2010（9）：14—18.

第三，增加低碳技术研发的投入是发达国家履行其国际法律责任的一种形式。无论是《联合国气候变化框架公约》，还是《京都议定书》，均对发达国家的技术研发与转移问题做出了明确的规定，因此，发达国家理应投入公共资金用于低碳技术研发。

公共资金，特别是政府的财政资金，其本身并非来源于某个私人，而是来源于社会公众，因此，这些资金的使用就应以全体民众的福利为目的，而不能仅仅使某些个人受益。本着“谁投资谁受益”原则，受公共资金资助的研究项目的科研成果原则上就应该由代表公众的国家拥有。但是，公共资助项目的研究工作与普通的购买公共产品的行为又有所区别。如政府使用财政资金在河道两侧修筑河堤，那么该河堤属于政府所有，从而就能保障河道两侧人民的利益。而科学研究成果的产生，不仅需要资金的投入，还需要科研人员的创造性劳动。为了保护科研人员的创造积极性，一些国家（如我国）的专利法规定，对委托完成的发明创造，除非委托人与受托人之间另有协议，那么该发明创造的专利申请权属于完成发明创造的人，即受托人或科研人员。同时，由于受公共基金资助的科研项目的科研成果本身表现为技术方案或技术信息，如果法律仅仅简单地规定这些技术方案或技术信息属于国家所有，那么这些科研成果很可能就会被束之高阁，进而失去资助的意义。所以，国家在资助科研项目时，除了要关心该科研项目是否能够获得预期的科研成果，还应该考虑该科研成果是否具有实际的用途，是否可以应用到产业之中，促进经济社会的发展。研究表明，承担科研项目的承担者或研发者最有优势和积极性利用其科研成果。

在 1980 年美国通过拜杜法之前，美国资助给研究单位的研究成果，几乎都倾向于归属政府所有，且以免费或非专属方式授权让民众使用；或直接放弃权利，纳入公共所有。但是由于这些研究成果商业化的数量很低，有人称这种现象为“由死者掌握”，这样的结果往往导致很多研究成果被搁置在政府布满灰尘的书架上无人问津。因此，如果法律简单地将公共资金资助项目的科研成果归属于国家，可能并不利于科研成果的利用，也可能并不利于民生的改进。美国正是考虑了这个问题，所以在 1980 年通过了著名的拜杜法，对受政府资助的研究成果的知识产权归属问题做出了明确规定。根据拜杜法的规定，受财政资金资助的科研项目研究成果的知识产权归属于受资助者，受资助者可以将其科研成果以专有或非专有的方式转移给产业界。拜杜法的通过，极大地推动了科研单位或大学科研成果的转化。其他国家，如日本、英国等也都相继效仿美国拜杜法，建立了相应的制度。我国 2007 年修改的《科技进步法》第 20 条亦参考了拜杜法的相关规定。

在当前各国对低碳技术研发日益加大公共财政投入力度的背景下，对现行《中华人民共和国专利法》第 8 条，这些利用公共资金所获得的低碳技术成果的知识产权问题也引起了国际社会的关注。作者认为，为了促进低碳技术转移，国际社会对这些利用公共资金所获的低碳技术应该建立专门的知识产权归属与利用制度。第一，对利用公共资金所获得的低碳技术，其申请专利的权利可以比照美国拜杜法的规定，归属于受资助者，专利权获得授权后，其专利权属于受资助者。第二，对全部或主要是利用公共资金所获得的低碳技术，如果受资助者未就该技术申请专利，那么受资助者应该将该技术信息以适当的方式向产业界公开，公开的内容应该具体、全面、完整；如果低碳技术研发的费用仅有小部分来自公共资金，那么对此类低碳技术不应要求必须公开。第三，对利用公共资金所获得的低碳技术，如果受资助者就此技术申请了专利，那么受资助者应该在申请专利时向专利局声明该技术的研发获得了公共资金资助，并且在获得授权后不拒绝第三人使用该专利技术，专利使用费的数额可以由双方当事人协商，如协商不成，则由专利局、仲裁机构或法院按照公平合理的原则裁决。第四，对发达国家国民全部或主要利用本国或本地区（如欧盟）的公共资金所获得的低碳技术，如果受资助者在发展中国家申请了专利，那么受资助者亦应在申请专利时向发展中国家专利局声明该技术的研发获得了公共资金资助，并且在授权后不拒绝第三人使用该专利技术，且专利使用费的数额应远低于发达国家相同主题的专利使用费。

考虑各国的知识产权法立法的实际情况，同时也为了便于操作，建议各国特别是发达国家在利用公共资金资助低碳技术研发项目之初就与受资助者签订具有上述内容的资助协议，另外还应明确受资助者不履行上述义务的法律责任，以确保受资助者替代发达国家认真履行转移低碳技术的义务。

二、低碳技术专利强制许可制度

第一，如果气候变化问题确实导致了一个缔约方处于国家紧急状态或极端紧急情况，那么该缔约方显然可以利用 TRIPS 协议的规定对有关低碳技术专利颁发强制许可，以允许相关产品的制造或进口。这一点对那些易受气候变化影响的小岛屿国家尤为重要，因为这些国家通常自身创新能力不强，但又急需适应气候变化的相关技术或产品，允许它们在紧急情况下对相关低碳技术专利颁发强制许可，意义重大。

第二，对专利权人相互联合实施垄断的行为，发展中国家应该果断通过颁发强制许可的方式破除非法垄断，促进市场竞争。特别是在低碳技术领域，发达国家已经基本完成在发展中国家的专利布局，并且关键低碳专利技术主要掌握在少数跨国公司手中，如果它们进行不恰当的商业合谋，那么就会严重扰乱市场自由竞争秩序，妨害全球应对气候变化的努力。为了规制这种垄断行为，颁发强制许可是一个行之有效的选项。在这个问题上，发展中国家尤其应该向发达国家学习。例如，德国最高法院在 2004 年明确规定，如果知识产权许可已经成为其他企业进入市场必不可少的条件，而专利权人的拒绝许可没有重大的合理性，那么即可以以专利权人限制竞争为由而对其专利权颁发强制许可。该案主要涉及德国化工行业的一个事实标准。德国化工行业的一些大企业共同提出要研发一种新的合成材料桶，以便能通畅地倒空桶内的残留物。在这之后，一共 4 家企业在开发这类产品时付出了努力，其中一家企业的专利技术被选为制造这种合成材料桶的标准。此时，该行业内的其他企业必须依据此标准生产产品，否则会被禁止在市场上销售。依据该企业与其他三家提议制定行业标准的企业之间的协议，持有行业标准的企业有责任无偿授权其余三家公司使用其专利。相比之下，如果其他企业打算制造这类专利产品，那么它们必须为权利人支付相应的专利费用。在涉及这一专利问题的案件中，被告是一家专门生产合成材料桶的企业，尽管它向原告提出了付费使用专利的请求，但被其拒绝，之后该公司便开始在没有专利授权的情况下生产和销售这类专利产品。基于此，专利权人对被告提起诉讼，并向法院申请对被告进行损害赔偿的判决。被告则认为专利权人存在限制竞争的行为，认为专利权人的这一行为违反了德国的反对限制竞争法，要求法院强制许可被告免费使用原告属于行业标准的专利。案件最后提交给了德国最高法院，法院依据反对限制竞争法，认为在该案中的专利成为行业标准的情况下，权利人有义务许可竞争者使用其专利。既然发达国家可以对限制竞争行为适用强制许可，那么发展中国家在应对气候变化的努力过程中对垄断行为适用强制许可，自然也不会有任何争议。

第三，应该在气候变化谈判和世界贸易组织谈判中对发达国家施加压力，要求将《修改〈与贸易有关的知识产权协议〉议定书》适用的技术领域范围由药品领域扩展至低碳技术领域。TRIPS 协议第 31 条规定强制许可生产的产品应主要用于国内市场，但是对许多发展中国家而言，尤其是那些易受环境影响的最不发达国家成员，它们即使利用强制许可制度许可本国的制造商生产适应或减缓气候变化的专利产品，但是本国的制造商也可能没有能力制造出这些低碳专利产品，这样它们还是要被迫购买由专利权人制造的高价产品，导致强制许可制度的目的不能实现。考虑到这一点，发展中国家应该比照公共健康问题的解决方案，要求对 TRIPS 协议进行适当修改，以使经强制许可而制造的低碳专利产品亦可以供应给部分发展中国家。

三、低碳技术专利申请的加快审查制度

为了获取市场技术垄断地位，尽快收回其研发成本，发明创造者通常会在其发明创造获得专利授权之后才会将其专利产品在市场上投放。另外，投资者为了确保其投资利益的稳定性，通常也是在发明创造获得专利授权之后才会决定购买某项专利。由此可见，专利授权时间的长短，对发明创造是否能够尽快投入实际使用具有重要影响。但是，由于各国专利局的专利审查人员有限，而近年来专利申请数量持续增加，发明专利从申请到获得授权通常需要三年左右时间，这样，就会导致大量发明创造迟迟不能得到利用。为了应对气候变化，促进低碳技术能够尽早应用于产业界，近年来一些发达国家开始对低碳技术专利申请采取优先审查政策，以使低碳技术尽可能早地获得专利授权。

英国知识产权局在 2009 年 5 月 12 日专门针对低碳专利申请推出了“绿色通道”加快审查机制。根据英国知识产权局的规定，只要专利申请有利于环境保护并且申请人提出了加快审查的要求，那么英国知识产权局就会对该专利申请进行相应的加快审查。专利申请人在请求加快审查时需要说明其专利申请有益于环境保护的正当性理由。如果专利申请涉及太阳能或风能等明显的环保技术，那么申请人只需在申请中作出说明即可；如果申请是涉及减少能源利用的高效制造工艺，那么申请人就需要详细说明该发明创造如何有益于环境保护。进入绿色通道的专利申请，能够大幅度降低专利授权时间。目前，英国专利授权的时间，从提交申请到获得授权，大约需要三年半的时间；而通过绿色通道，则只需要 9 个月就能获得授权。

美国专利商标局于 2006 年 8 月推出了“加速审查程序”，凡纳入该程序中的专利申请可以在 12 个月内获得授权。根据 2008 年美国专利商标局的规定，能实质改善环境质量的技术和能够发展和节约能源的技术，均可依照加速审查程序，获得优先审查。由于上述加速审查程序并不是仅仅针对低碳技术的，而是面向所有领域的技术，且对申请加速审查的技术要求非常严格，不利于低碳技术专利申请人尽快获得专利授权，所以，2009 年美国专利商标局又出台了绿色技术（包括减少温室气体排放的技术）“优先审查程序”，专门针对绿色技术放宽了优先审查的条件。根据“优先审查程序”，只要是申请专利的技术属于可再生能源、高效

利用和保护能源或减少温室气体排放的技术领域，那么申请人均可要求进行优先审查。

对低碳技术专利申请进行加速审查或优先审查，对发展中国家来说是一把双刃剑。一方面，优先审查可以使发展中国家的低碳技术尽快获得专利授权，并投入产业应用，有利于气候变化问题的应对；另一方面，由于发展中国家所使用的低碳技术大部分来自发达国家，如果发达国家对其低碳技术优先审查、早期公开，而发展中国家仍然按正常程序进行审查，那么在发达国家公开其低碳专利技术之日至发展中国家对该低碳专利申请授权之前这一段时间，发展中国家就可以自由地使用发达国家的这些低碳技术。因此，在发达国家纷纷针对低碳技术建立加快审查制度之时，发展中国家并不宜盲目跟进。

作为发展中大国的我国，部分学者认为我们应该采取如下策略。第一，目前我国不宜专门针对低碳技术建立专门的加快审查制度。我国知识产权局在现阶段已经制定了加速审查的流程，这一流程仅适用于以下的专利申请：涉及的发明对于国家或公众的利益具有深远的影响；当专利申请被公之于众后，他人对其发明的实施行为对申请者的权益带来较大的影响；涉及将发明申请作为无形资产投资的关键项目；在承接国家重点科研项目的过程中的职务发明。因为低碳技术对公共利益具有重大意义，所以，低碳发明创造可以纳入我国现有的加快审查程序之中。同时，我国现有的加快审查程序规定申请人必须是中国的企业或个人，因此，即使我国不建立专门的低碳专利申请快速审查制度，我国的企业或个人的重要的低碳专利申请也可以被加快审查。而如果我国建立了专门的低碳专利申请快速审查机制，那么受益的主要是外国人。第二，我国企业或个人在国外对低碳技术申请专利时，应该考虑利用外国的快速审查制度，以便尽早获得专利授权，迅速打开国外市场。第三，我国应该认真分析发达国家通过快速审查程序获得专利授权的低碳技术，并加以有效利用。由于发达国家低碳技术通过快速审查程序获得专利授权的时间通常只有几个月，而这些低碳技术即使在我国申请了专利，那么至少也要 18 个月后才能在我国公布，而在该低碳技术在国外获得专利授权并被公布之日至在我国公布之日这一段时间，我国企业或个人是可以免费进行商业性使用的；而外国的低碳专利申请在我国被公布之后至被授权，通常还需要经过 2 年的时间，在这 2 年的时间之内，我国企业或个人在支付合理费用的前提下，亦可以不经申请人许可而使用该低碳技术。

四、低碳技术专利费用资助制度

我国目前主要有三条专利费用资助途径。

第一，在专利申请时，国家知识产权局对符合条件的个人或单位给予专利等费用的减缓。根据2006年国家知识产权局第39号令《专利费用减缓办法》，可以减缓的专利费用包括申请费（其中公布印刷费、申请附加费不予减缓），发明专利申请审查费，自授予专利权当年起3年内的年费，发明专利申请维持费，复审费。若支付专利费用的时候遇到困难，相关人员有权向专利局提出申请，要求减缓各项费用的缴纳。

第二，地方政府的专利费用资助政策。为了促进当地的科技发展和专利申请与转化工作，全国大部分省、自治区、直辖市、计划单列市、副省级城市和部分地级市、县级市相继出台了本地的专利申请资助政策，对本辖区内的专利申请人给予专利费用上的资助。地方政府资助的专利费用范围不仅包括缴纳给专利局的申请费、审查费等“官费”，而且有的地方政府还对申请人缴纳给知识产权代理公司的代理费给予资助，有的地方政府甚至对申请人转移转化专利时所产生的费用亦给予资助。例如，许昌市专利资助资金分为专利申请资助金、专利授权资助金和专利转化资助金，其中，专利转化资助金即用于资助该市范围内符合产业政策、技术含量高、发展前景好的专利转化项目。当然，各级、各地政府的专利资助政策不尽相同，有的甚至有一定的重叠、冲突之处。因此，2008年国家知识产权局下发了《关于专利申请资助的指导意见》，该意见对各地专利费用资助政策进行了一定程度的规范。

第三，向国外申请专利的资助政策。为了鼓励国内的申请者向国外提交专利申请，以便更好地维护我国的创新成果，我国在2009年颁布了《资助向国外申请专利专项资金管理暂行办法》，其中阐明，中央财政部门设立了专门的资金来支持专利申请人向国外进行专利申请。这一专项资金主要用于资助那些不违反国家法律和法规要求的国内中小型企业、事业单位、科研机构。对于那些通过专利合作条约途径提交，并由中国国家知识产权局作为受理局处理的专利申请，只要满足以下条件，都有资格申请该专项资金。

①能够充分展现我国的产业优势，并增强其在国际上的竞争力。

②有潜力拓展国际市场或者增加国际市场的份额。

③在全球市场上具有巨大的潜力和良好的发展前景。

④帮助我国的先进企业掌握关键技术。

⑤有可能建立一个专利池，并参与到国际技术标准的制定中。

⑥与国家的知识产权战略需求相契合，能够有效增强自主创新的实力。

按照相关条款，每个专利项目最多可以向 5 个不同的国家或地区提交申请，其资助的总金额不会超过 10 万元，但那些具有重大创新意义的项目不在此列。

五、低碳技术专利许可承诺制度

《英国专利法》明确规定了许可承诺的制度。按照这一规定，一旦权利人获得了专利权，他们有权向英国知识产权局提交一个“许可承诺”的正式登记。一旦专利权人完成了相关的登记手续，所有人都能够向该专利权人申请使用许可。但需保证合理、合法、合规。专利权人不可拒绝这一请求，并且，使用人也必须向专利权人支付使用费。关于使用费的金额和标准，存在两种确定方法：其一，专利权人和使用人共同商议专利许可协议，明确专利使用条件与专利使用费；其二，如果专利权人与使用人之间难以确定令双方满意的专利许可协议，那么最终裁定将交由英国知识产权局。

另外，在专利侵权诉讼中，若是被告同意通过合理的许可协议，法院就不能对被告发出永久或临时的禁令，并且被告在侵权之后所做出的赔偿也需要保证在使用费的两倍以内。还需要注意的是，为了维护使用者的竞争利益，《英国专利法》明确指出，那些基于许可承诺制度而拥有专利使用权的人，在发现他人存在专利侵权时，有权要求专利权人对侵权者提出诉讼，若是在两个月内，专利权人不做任何行动，使用人就有权对侵权者提起侵权诉讼，在此期间，其法律地位与专利权人相同。当使用人提出侵权诉讼时，专利权人应被作为共同被告，若是专利权人不参与这一诉讼，忽视不出席庭审，专利权人就不需要承担任何赔偿责任。从这一点来看，一旦专利权人完成了“许可承诺”的登记，他的专利权便会受到某种程度的制约，之所以某些专利权人还会进行这种“许可承诺”的登记，其背后的理由相当直接，那就是《英国专利法》明确指出只要专利权人进行了许可承诺的登记，之后的专利年费将会减少一半。正因为这样的经济激励措施，大量的专利权人纷纷表示愿意进行许可登记。

值得注意的是，在专利权人完成了许可承诺的登记之后，他们仍有权根据实际情况撤销这一登记，《英国专利法》对专利权人的这一权利有着明确的规定。只有满足以下两项条件，知识产权局才可以批准专利权人的撤销申请：其一，专利权人应全额支付之前减少收取的专利年费；其二，关于这一专利，没有对应的专利许可，或者说，即便有专利许可，被许可人也全部同意这一撤销申请。

在面对气候变化的大背景下，英国的许可承诺登记制度对于我国来说有着极强的借鉴意义。

第一，通过许可承诺制度，我们可以激励低碳技术专利的所有者向社会分享他们的技术成果。按照许可承诺制度的规定，一旦完成许可承诺的登记，专利的年费将会减少一半。这种做法能够激励国内众多低碳技术专利权人进行登记。一旦完成登记，专利权人就不能够限制任何人使用这一项专利技术，由此也就在很大程度上有效推动了低碳技术的应用与发展，进而有效遏制专利权人非法垄断市场。

第二，许可承诺制度为受公共资金资助的低碳技术专利的共享提供了制度保障。当前，世界各国对低碳技术研发的财政支持投入持续增加，受公共资金资助的低碳技术及其专利必然越来越多。为了保障公共资金使用的公益性，国家在资助低碳技术研发时，通常会要求受资助者在获得知识产权后，应该以公平合理的条件许可给第三人使用其低碳技术。但上述要求通常规定于资助单位与受资助者之间的资助协议之中，根据合同的相对性原理，这样的权利义务通常仅对协议双方当事人有效，如果第三人要求获得专利使用许可而受资助者拒绝许可，则第三人就可能没有救济措施。如果我国专利法采用了许可承诺制度，那么国家在资助低碳技术研发时，即可要求受资助者在获得专利权后即应进行许可承诺登记，这样第三人在使用该受资助的低碳技术时即不会存在任何障碍。当然，第三人在使用该低碳技术时仍应按照合理的条件支付使用费。

第三，许可承诺制度亦是反垄断部门强制企业承担滥用低碳技术专利权法律责任的一个备选方式。随着低碳经济的发展和低碳产业竞争的加剧，尤其是由于应对气候变化挑战，特别需要低碳技术创新，低碳领域滥用知识产权进行非法垄断的行为必然会有所显现，甚至有可能会快速增加，进而影响全球应对气候变化挑战的努力。因此，如何有效避免低碳领域滥用知识产权的非法垄断行为以及如何有效消除该非法垄断的不利影响，是各国应该认真考虑的一个问题。我国《反垄断法》第 55 条规定，经营者滥用知识产权，排除、限制竞争，适用反垄断法。但是，反垄断法并未具体规定滥用知识产权所应承担法律责任的方式。我国现行《专利法》虽然规定了反垄断强制许可制度，如果专利权人行使专利权的行为被依法认定为垄断行为，为消除或者减少该行为对竞争产生的不利影响，国家知识产权局根据申请可以给予实施发明专利或实用新型专利的强制许可，但是由于强制许可的颁发具有高度敏感性，必须慎之又慎，因此，反垄断强制许可制度的实际效果如何，尚有待进一步观察。而《英国专利法》则明确规定，如果英国反垄断执法部门认为专利权人构成专利权滥用，属于垄断或限制竞争的行为，那么反垄断执法部门就可以申请英国专利局对该专利权强制进行许可承诺登记。鉴于许可承诺登记制度与TRIPS协议中规定的强制许可制度存在差异，反垄断执法部门向专利局提交强制进行许可承诺登记的申请很难引发国际争议。我国也可以参考英国的专利法，将许可承诺登记视为一种应对滥用知识产权法律责任的手段。

第四节　各国完善技术转移方面的政策

一、美国技术转移的政策

（一）知识产权方面的相关法律政策

1. 专利法

美国早在建国初期就制定了《专利法》。1790年1月，美国总统华盛顿督促国会制定专利法，1790年2月，华盛顿签署了美国历史上第一部专利法案。美国现行的专利法是1952年7月19日经国会通过并颁布实施的。其后，美国国会曾对该法做了11次修订和补充。为配合《专利法》的实施，美国政府每年7月1日还公布新修订的专利法实施细则。美国专利法共293条，载于《美国法典》第35编。专利法保护的专利有机器专利、制品专利、合成物专利、方法专利、植物专利和外观设计专利6种。其中，发明专利权有效期限为17年，从专利证书颁发之日起算；外观设计专利权有效期限为3年半、7年和14年，由申请人在提出申请时自行选定。

（1）主要内容

美国《专利法》主要涉及以下几点内容：

①专利类型。美国《专利法》将专利分为三类：实用新型专利、设计专利和发明专利。实用新型专利是对新的、有用的发明的保护，设计专利是对新的、原创的外观设计的保护，发明专利是对新的、非显而易见的发明的保护。

②可获得专利的条件。为了获得专利保护，发明必须满足以下条件：新颖性、非显而易见性和实用性。新颖性要求发明在申请日之前没有被公开披露过；非显而易见性要求发明对于普通技术人员来说不是显而易见的；实用性要求发明有实际应用的价值。

③专利申请程序。专利申请程序包括申请、审查和授予专利三个阶段。申请人需要向美国专利及商标局（USPTO）提交专利申请，申请包括发明的描述、权利要求和附图等。USPTO会对专利申请进行审查，包括对新颖性、非显而易见

性和实用性的评估。如果申请符合要求，USPTO 会授予专利。

④专利权的保护范围。专利权的保护范围由权利要求决定。权利要求是对发明的具体描述，包括发明的结构、组成和功能等。专利权的保护范围应当在权利要求的范围内，对他人的未经授权使用构成侵权。

⑤专利权的权利和义务。专利权的持有人享有以下权利：制造、使用、销售、许诺销售和进口发明。持有专利的人有责任维护和保护自己的专利权，包括监测侵权行为、提起侵权诉讼等。

（2）申请程序

美国专利申请程序包括以下几个阶段。

①申请阶段。申请人需要向 USPTO 提交专利申请，申请包括发明的描述、权利要求和附图等。申请人还需要支付申请费用。

②审查阶段。USPTO 会对专利申请进行审查，包括对新颖性、非显而易见性和实用性的评估。审查过程中，USPTO 可能会要求申请人提供进一步的信息或进行修改。

③授予阶段。如果专利申请符合要求，USPTO 会授予专利。授予专利后，专利权持有人可以对他人的未经授权使用提起侵权诉讼。

2. 商标法

1870 年，美国颁布了首部商标法《美利坚合众国联邦商标条例》，之后，在 1870 年 8 月进一步明确了对商标侵权行为的刑事处罚条款。在该法律实施了 7 年之后，由于被联邦最高法院裁定为违反宪法，因此在 1881 年，新的商标法被正式制定。1946 年，美国的立法机构制定了《兰哈姆法》，也就是现阶段美国施行的商标法，共 50 条，载于《美国法典》第 15 编。该法在 1975 年 1 月和 1982 年 10 月曾进行过多处重要的修改。

美国商标包括服务商标、集体商标和保证商标。商标可以是平面视觉商标，也可以是立体的（三维）视觉商标，同时，听觉商标也被允许进行注册。在美国，商标专用权的所有者是最先使用的人，就算他没有对商标进行注册，这一权利也不会被剥夺。

3. 版权法

美国第一部版权法是 1790 年制定的，现行美国《版权法》是在对 1909 年版权法全面修订的基础上，于 1976 年颁布，1978 年 1 月 1 日生效的，载于《美国法典》第 17 编，共 8 章 73 条。1988 年，美国为加入《伯尔尼公约》，又通过了一系列版权法修正案，使之适应该公约的要求。版权法对著作权的保护期限直至作者死后70年，假如作品是集体创作或是1978年1月1日以前发表的，则其版权保护期为75～95年。

4. 商业秘密法

在美国，联邦法律对版权、专利和商标的保护都有着明确的规定。然而，在商业秘密保护方面，它依然是州法的一部分，并不存在联邦层面的法律规范。在美国的各个州中，商业秘密法属于判例法。从理论角度出发，各个州有权在商业秘密保护相关的法律判例中，自主地制定和发展他们所接受的保护准则。但实际上，美国的各个州在现代商业秘密法上的差异相当微小，这主要归因于各州的现代商业秘密法都受到1939年的《侵权法重述》和1979年的《统一商业秘密法》的影响。

（二）知识产权保护在国际市场的延伸

美国知识产权保护一直是沿着两条线进行的：一条线是对内建立完善的知识产权制度；另一条线是在国际市场的延伸。美国对外出口十分依赖专利法、商标法的保护，知识产权为美国商品进入国际市场敲开了大门。与此同时，美国还能够有效地抬高他国商品进入美国市场的门槛。自20世纪80年代以来，由于美国制造业竞争力降低，日本等国的大量低成本"仿制商品"严重冲击了美国市场，为保护本国的市场和企业利益，美国政府通过法律手段加大了知识产权保护，并把这种保护延伸到了国际市场。其中，影响较大的保护措施有以下两种。

1. 特殊301条款

"特殊301条款"就是《1988年综合贸易与竞争法》在经过修订和补充之后，于原有的"301条款"基础上新增的"1303节"，该节的标题是"确定拒绝为知识产权提供充分、有效保护的国家"。美国的《1984年贸易与关税法》首次将"301条款"下的不公平贸易行为延伸至知识产权的保护范畴，而《1988年综合贸易与竞争法》则将产权的保护系统地纳入了"301条款"的框架内。由于其所包含的内容的影响，这一部分也被统称为"特殊301条款"。该条款明确指出，如果确定了哪些国家拒绝为美国的知识产权提供充分和有效的保护，或者哪些国家不再保障依赖知识产权保护的美国公民在其市场当中获得公平公正的待遇，那么这些国家应被列入"重点国家"名单。从被列入该名单的那一天开始，美国的贸易代表将在30天之内启动长达6个月的"特殊301"调查。在调查完成之后，美国的贸易代表有责任决定是否实施报复性行动，并且一旦决定报复，必须在30天内立即执行。美国的贸易代表在决定是否实施报复性行动和选择什么类型的报复性措施时拥有比较大的决策权，并且不需要得到总统的批准。

2.337条款

“337条款”实际上是1930年颁布的美国关税法中的第337条，它赋予了美国国际贸易委员会禁止任何侵犯美国知识产权的商品进入美国境内的权利。在美国境内，拥有专利权的个体或组织有权根据法律规定，禁止他人在美国制造受保护的专利产品，或者在国外复制其专利产品并销售到美国。拥有专利权的人有权根据“337条款”，通过两种方式对此类侵权行为提起诉讼：一是向美国国际贸易委员会递交诉讼；二是向联邦地区的法庭提起诉讼。美国国际贸易委员会属于一个“准司法机构”，其主要职责是确保美国公司不会受到外国公司不公平竞争的威胁。若是某一进口商品在美国国际贸易委员会的判定中，存在不公平的贸易行为，那么，受这一贸易行为影响的美国企业有权向美国国际贸易委员会提出拒绝侵权商品进入美国市场的申请。

（三）美国技术出口的相关政策

美国技术出口主要涉及以下几个内容：一是直接向私营部门的用户和开发者提供各种形式的支持，并开展技术上的交流与合作；二是利用发明专利的注册和许可，以及市场和用户的确认，开展商业活动；三是积极与可能的技术用户进行深入的信息分享。

1．技术出口的管制政策

美国对技术转移的管理主要体现在对技术出口的限制上。美国对技术出口的管制措施主要始于第二次世界大战后，主要是限制西方工业发达国家向社会主义国家出口战略物资和高新技术。1949年11月，美欧各国在巴黎组建了所谓“出口控制统筹委员会，即巴黎统筹委员会。1950年7月，巴统的贸易管制范围扩大到中国。在美国国内，1949年正式制定了第一部《出口管制法》，1965年制定了《出口管理法》，1984年制定了《出口管理条例》，1988年又修订了《出口管理法》。美国技术出口管理政策的演变，反映了美国对外政策的发展变化。美国技术出口管理主要遵循三项原则，即国家安全管理原则、对外政策管理原则、稀缺物资管理原则。技术出口管制一直是美国实行贸易歧视政策的手段。长期以来，美国通过出口许可证，采用管制货单和输往国别分组管制表的办法，对一些国家出口所谓“战略性物质”和敏感性商品进行了十分严格的限制。1994年3月，巴统宣布解散后，美国政府对高新技术产品的出口管制进行了战后以来的最大调整，缩小了许可证管理范围，简化了出口许可证申请、审批手续。这些措施的实施表明，美国政府虽然放宽了军民两用高新技术和高新技术产品的部分出口，但对于军事目的和有损于美国国家安全的高、精、尖技术和产品出口仍严加管制，并不时掀起一些风浪，制造限制其出口的社会氛围。有专家认为，美国对中国实施严格的技术出口管制是冷战思维在作怪。美国不仅自己这么做，还要求其他国家也这样做。例如，以色列曾迫于美国的压力而撤销了一项向中国出售精密空中预警雷达系统的合同，不得不向中国赔偿了大约 3 亿美元的违约赔款。美国对中国技术出口的限制不仅不利于美国和相关国家之间的正常贸易往来，而且也损害了美国企业的经济利益。

为了更深入、更广泛地保护自身经济利益与安全利益，美国积极推动并组织了多个多边技术出口管制机构，并签署了多个条约，其中主要包含有澳大利亚集团、瓦格纳协定、核供应国集团等。

2. 技术出口的许可证制度

美国限制技术出口的各项手段中最关键的一项就是许可证制度的实施。除了加拿大以外，美国的技术产品与服务在出口到其他国家或地区的时候，必须经过美国商务部的审核并获得相应的许可证。其中，许可证是由美国商务部的出口管理署颁发的，分为普通许可证和核准许可证。简单来说，普通许可证并不要求出口商提交申请，也无须商务部签发签证，只需要出口商在海关的申报单上准确地填写出口的技术或服务信息。值得一提的是，只有那些由美国商务部管理的技术和服务出口项目才可以使用普通许可证。

商务部的出口管理部门为特定的技术出口产品或服务颁发的出口许可文件是核准许可证。核准许可证授权出口的技术产品涵盖了所有的技术产品和服务，并且出口的范围覆盖了全球的任何一个国家和地区。核准许可证可以进一步细分为特别出口许可证和单一出口许可证。特别出口许可证特指核定普通许可证、技术项目许可证、提供服务产品许可证及经销许可证；单一出口许可证，也被叫作普通核准许可证，主要是对特定的技术产品或服务项目的出口批准。通常情况下，核准的范围相当广阔，除了上述 4 种特别的许可证，其他的都在单一许可证的核准许可范围内。

在许可证审查当中，主要需要关注的是技术产品或服务的各种类型；民用产品在军事上的应用途径；来自国外的类似或相同产品的竞争者或供货商；技术的出口目的地与用户的特性表现，以及产品购买的目的和用途。主要负责技术出口审查的部门包括美国商务部下属的出口管理署、出口政策咨询委员会、出口管制复审委员会。在必要之时，美国参议院或美国总统有权直接介入某一出口申请的审核当中。

3. 鼓励技术许可

根据美国商务部发布的统计数据，我们能够明显发现最近几年美国在专利使用和许可费出口方面有着显著的增长，这主要是因为近年来美国政府实施的技术许可鼓励政策。

在美国，技术转移主要依赖于技术许可授权，主要有商标权、专利权、专有技术的授权、计算机软件的销售许可等。

出于以下几点考虑，美国的企业更倾向于通过许可证的形式进行技术的输出或转让：首先，技术有生命周期，若是在旧的技术正式进入衰退期的时候有新的技术作为其完美的替代品诞生，那么这项旧技术就能够通过被出口至其他技术落后的国家而进一步延长生命周期，也能促使企业因此获得更多的利润；其次，若是某技术产品或服务通过出口的方式很难在其他国家获得理想的利润回报，那么技术持有者就可以通过技术许可的方式获得更高的利润回报；再次，在交叉许可的前提下进行技术交换，企业就可以获得美国某些尚未开发领域的技术；最后，当许多国家在特定领域内禁止或限制外国投资时，技术许可可以作为一种手段，绕过这些限制与封锁，进入这些国家的市场。

4. 对技术合同的管理

美国对技术转移合同做出了诸多规定，主要内容包括：允许任何所有人或共同所有人在一定条件下进行技术转移或技术许可使用；除技术出口管制法规定的技术以外，其他技术均不需要政府的批准或登记；对提成费征收 30% 的所得税，并可根据实际情况进行调整；技术许可方有权监督产品质量；许可使用费一般采取提成支付方式，以年净销售额为基础，按一定百分比提成，提成率一般为 0.5%～5%；可以在合同中规定最低提成费；技术许可使用费、技术咨询服务费、建筑工程承包费等也可采用一次性支付；允许互惠交叉许可。

值得注意的是，美国的企业也有可能通过技术合作的经营模式来进行技术的出口。通过这种技术投资的入股方式，企业不但可以从技术出口中获得收益，也可以共享合作企业的盈利。

（1）美国技术合同管理的法律框架

①知识产权法律框架。美国的知识产权法律框架包括专利法、商标法、版权法等。这些法律规定了知识产权的保护范围、权利和义务，为技术合同的管理提供了法律依据。

②合同法律框架。美国的合同法律框架规定了合同的成立、履行和解除等方

面的规则。在技术合同的管理中，合同法律框架为各方提供了合同的约束力和争议解决机制。

③反垄断法律框架。美国的反垄断法律框架旨在保护市场竞争和消费者利益。在技术合同的管理中，反垄断法律框架对于限制竞争行为、保护市场公平和消费者权益具有重要作用。

（2）美国技术合同管理的实施

①合同起草和谈判。技术合同的管理首先涉及合同的起草和谈判。各方需要就技术的转让、许可、保密等方面进行协商，并在合同中明确各方的权利和义务。

②合同履行和监督。技术合同的管理还包括合同的履行和监督。各方需要按照合同的约定履行各自的义务，并对合同的履行进行监督和评估，确保合同的有效执行。

③争议解决。在技术合同的管理中，可能会出现争议和纠纷。各方可以通过协商、调解、仲裁或诉讼等方式，依据美国的法律框架进行争议解决。

（3）美国技术合同管理的影响

①促进技术创新和经济增长。美国的技术合同管理有助于促进技术创新和经济增长。通过技术合同的管理，技术创新者可以将自己的技术转让给其他企业或个人，从而推动技术的广泛应用和商业化，促进技术创新的发展和经济的增长。

②保护知识产权和市场竞争。美国的技术合同管理有助于保护知识产权和市场竞争。通过技术合同的管理，知识产权可以得到合法保护，市场竞争可以得到公平维护，从而促进创新和经济的健康发展。

③推动国际技术合作。美国的技术合同管理还有助于推动国际技术合作。美国的技术创新和知识产权保护水平较高，吸引了全球范围内的技术合作伙伴。通过技术合同的管理，美国与其他国家可以加强技术交流和合作，推动全球科技创新和经济发展。

二、日本技术转移的政策

（一）日本知识产权保护制度

第二次世界大战以后，日本经济的迅速发展在很大程度上得益于其技术进步，特别是技术立国的基本国策。在技术立国策略的指导下，日本建立了比较完善的知识产权法律制度，主要的国内立法有《专利法》《实用新型法》《外观设计法》《商标法》《版权法》《集成电路布图设计法》《不正当竞争防止法》《商法》《半导体集成电路流程设计法》《种子和种苗法》和《海关法》等。日本参加的国际公约有《巴黎公约》《伯尔尼公约》《世界版权公约》《与贸易有关的知识产权协议》等。

日本知识产权法律制度的特点：立法严谨且详尽具体，便于执法操作和保持执法的统一性；非常重视知识产权法律与国际条约的相关规定保持一致，既注重吸收德国等西欧等国家的经验，又注意在保护水平上与美国相一致。为适应世界贸易组织建立后的新形势以及履行《与贸易有关的知识产权协议》的需要，日本对专利法和商标法进行了一系列的修订。

1. 专利制度

日本的专利制度设立于1818年（明治十八年），经过两次大的修订。现行的专利法是在1960年4月1日实施的专利法的基础上经过无数次修订而成的。与我国的发明、实用新型和外观设计统一为一部法律不同，日本有关专利的法律分别是《特许法》《实用新案（实用新型）法》《意匠（外观设计）法》。其次，与发明的《特许法》相对应，还设置了几部辅助性法律或法规，主要有《特许法施行法》、《特许法施行令》（政令）、《特许法施行规则》（省令）。关于实用新型和外观设计，也有与之相对应的辅助性法律或法规。另外，与专利有关的法律还有《与工业所有权相关手续等的特例有关的法律》《与基于专利合作条约的国际申请等有关的法律》以及分别与其对应的政令与省令等法规、《专利律师法》、《特许登录令》（政令）、《特许登录令施行规则》（省令）。其中，最重要的法律和法规是《特许法》《特许法施行令》和《特许法施行规则》。关于专利的保护期限，日本的发明保护期为20年，在一定条件下，有关化学和医药领域的发明可以申请延长5年；实用新型的保护期为10年；外观设计的保护期为15年。发明和实用新型的保护期从申请日算起，而外观设计的保护期从登录日算起。

专利法是日本知识产权法律体系的核心部分。在专利法的推动下，日本企业的技术改良与创新意识强烈，其专利申请量多年来一直位居世界第一，2006年后虽然被美国超过，累计申请总量仍继续保持世界第一的地位。作为一种武器，专利制度激发并保护了日本企业研究开发的积极性，为科技进步和科技创新创造了有利的政策环境，开辟了广阔的发展空间，从而为第二次世界大战后日本经济的繁荣提供了坚实而有力的保障。

2. 商标法

日本建立商标法律制度已有100多年的历史。1884年10月1日，日本开始实施《商标条例》，这是日本的第一部商标法律。此后，为适应日本经济发展和履行有关国际条约义务，日本政府多次修改了商标法。1959年，日本政府颁布了新《商标法》,1960 年 4 月 1 日开始实施。新法规定：注册商标的有效期为 10 年；除同一商标所有人的近似商标外，允许其他形式的商标转让；废除集体商标制度；建立注册商标许可制度；引入防御商标制度。该法沿用至今，是日本现行《商标法》的蓝本，实施 40 多年来已进行了多次修正。

日本十分重视对驰名商标的保护。一般来说，按照驰名度的大小，日本人习惯上将商标分为 3 个级别，即普通商标、驰名商标和著名商标。著名商标比驰名商标的驰名度更大。仅在一定区域驰名的商标称为驰名商标，只有在全日本或国际上驰名的商标才能称为著名商标。例如，日本惯用的“Toyota”“sony”等商标就是著名商标。日本人对商标做这样的区分，仅仅是习惯用法或者称谓方便而已，至于法律用语，则仍沿用驰名商标的说法。目前，日本通过复审和司法程序认定的驰名商标共 836 件，其中大部分是日本企业的驰名商标。日本《商标法》通过两条途径来保护驰名商标：一是禁止在相同或类似商品或服务上注册与驰名商标相同或近似的商标，即使注册，一经发现问题也可以宣告注册无效；二是对在不类似商品或服务上注册与驰名商标相同或近似的商标，建立防伪商标保护制度，保护驰名商标。日本之所以建立独特的防御商标保护机制，其理论依据是商标权的保护效力仅限于商标指定使用的商品或服务和类似的商品或服务，第三者在不类似商品或服务上注册与他人注册商标相同的商标，商标法律是允许的。如果是驰名商标，即使他人在不类似商品或服务上注册与驰名商标相同的商标不构成商标侵权，但由于它有可能使消费者对商品或服务的来源产生误解，误以为他人在不类似商品或服务上使用的商标与驰名商标所有人的经营有关联，因此会损害驰名商标的信誉。建立防御商标保护制度，允许驰名商标所有人在与其经营关联的商品或服务上注册防御商标，不仅可以避免上述情况的发生，而且可以有效保护驰名商标所有人经过长期努力建立起来的商标信誉。

（二）日本的技术引进政策

说到日本的技术转移政策，我们很难避开技术引进的话题。日本从第二次世界大战结束后一片废墟中恢复过来并一跃成为一个经济高度发达的国家，其原因固然是多方面的。但是，大规模引进外国先进技术促进了日本经济高速发展无疑是一个至关重要的关键性因素。正因为如此，日本人普遍认为技术引进是日本产业和经济发展的最大原动力。

总结日本引进技术的基本经验，可以说拿来、创造、起飞是日本科技迅速发展的三部曲。

第一步——拿来，即引进技术。在明显落后于欧美国家的背景下，日本大规模地引入先进技术在很大程度上有效推动了国内技术的进步，也是达到世界先进水平的有效途径。

第二步——创造，即“青出于蓝而胜于蓝”。日本的经验证明，只有消化吸收外来技术，才能真正掌握引进技术，而且，引进要以一定的自主开发为基础。因此，当日本人采纳新技术时，他们并未满足于现有的技术，而是选择深入地吸收这些技术，汲取经验，进行创新，以增强产品的独特之处，并因此斩获国际专利。

第三步——起飞，日本用引进的技术和自己研究创造出的新技术，不断生产高科技产品出口，既优化了产品结构，又提高了企业竞争力，扩大了国际市场。总之，技术引进促进了贸易的振兴，推动了经济的发展。

日本政府积极制定引进技术的政策，对实现科技发展和经济起飞发挥了重要作用，主要表现在如下五点。

①大力扶持技术引进，采取税收优惠、融资便利、机构指导等多种政策措施，鼓励各企业大规模地引入欧美的先进技术，并在完全消化和吸收这些技术之后进行二次研发，从而实现规模化生产，并在产品的加工、组装和大规模生产方面实现全球领先。

②提倡企业引进技术来源多样化，取各国之长，补本国之短。

③不断提高技术引进的档次，使之随经济发展不断升级。日本政府将研究和创新活动的成果视为知识产权，并基于战略的角度进行保护。他们认为产业发展的基石在于技术、设计、音乐、影视等信息化产品的知识创新，以知识产权为核心，日本致力于推动产品和服务向着高附加值发展，从而为日本的经济社会带来新的发展机遇。

④对引进的先进技术进行消化、吸纳、混合和创新的行为加以鼓励。鉴于这种通过引进欧美国家的先进技术，并加以改造的贸易手法逐渐受到技术出口国的压制，日本调整了自身战略，开始重视基于引进的先进技术进行自主创新研究。在知识产权的领域中，技术已经从当初主要关注外观设计转向独立的发明和创新，不再单纯地追求专利的数量，而是更加重视专利的质量。为了支持创新企业，日本政府实施了一系列的优惠政策和扶持措施，包括税收减免、财政补贴等。为了更好地支持高新技术产业，日本政府在 2003 年进行了一系列改革，主要包括对资本不超过 3 亿日元的企业，如果他们进行了设备的现代化改造，那么在第一年，他们可以根据其固定资产总额支取 30% 的特殊折旧费用；对于那些致力于高新技

术创新的中小型企业，他们购买或租赁的机械设备可以享受所得税的减免。其中，试验费用的 6% 可以从法人税或所得税中扣除，但扣除的金额不会超过适用于该税制的年度法人税或所得税的 15%。值得注意的是，中小型企业可以依据 27% 的优惠政策进行操作。

⑤引进技术与产品出口相结合。日本在技术引进中所坚持的一个基本原则，一直是技术引进与产业发展、提高出口产品竞争力相结合。从各产业支付技术费的情况看，电气机器、化工、一般机械、运输机械、钢铁五大行业一直占支付总额的 80% 左右，而这些产业的产品都是日本出口贸易中最有竞争力的产品。

三、欧盟技术转移的政策

（一）欧盟的重要条约

欧盟作为一个区域经济一体化组织，对内主要有《罗马条约》和《欧洲联盟竞争法》，其法律政策的出发点是促进区域内生产要素如商品、资本、服务和人员的自由流动，消除一切贸易障碍，禁止妨害公平竞争、垄断市场等限制性商业行为，促进市场的统一和完善。对外主要通过签署国际协议和欧盟各国的国内法律，对技术出口实行管制。

1. 罗马条约

以欧洲煤钢共同体为基础，在 1957 年 3 月 25 日，包括法国、德国、意大利、比利时、荷兰和卢森堡在内的 6 个国家的政府首脑和外交部长在罗马正式签署了《欧洲经济合作条约》《欧洲原子能共同体条约》，此二者也就是人们常说的《罗马条约》，其生效于 1958 年 1 月 1 日，这也代表了欧洲经济共同体的正式建立，并为创建一个统一的市场设定了明确的目标。

《罗马条约》共 6 章 248 条，并附有 11 份议定书、3 个专约以及若干清单。《罗马条约》在其序言部分明确指出：消除导致欧洲分裂的各种障碍，强化各成员国之间的经济联系，确保各国发展的协调性不被破坏等。罗马条约覆盖了非常广泛的议题，其核心目标包括：建立关税同盟，构建农业共同市场，实现经济与社会政策之间的协调，确保商品、人力、资本等能够自由流通。关于工业品关税同盟，条约规定在 12 年过渡期内分 3 个阶段逐步取消成员国间的一切关税和贸易限制。

《罗马条约》规定，禁止限制和妨害竞争、滥用市场优势、图谋市场地位的限制性商业做法，举例如下。

①直接或者间接地对购买、销售的价格，以及其他交易条款进行限制的做法。

②对生产、销售、技术开发、投资进行限制或管理的做法。

③对市场、供应渠道进行分割的做法。

④在同一交易环境下，对于不同的交易参与方，实施具有歧视性的不同交易条款。

⑤强迫对方接受与该交易完全没有关系的条件和要求，并将其作为签署合同的前提条件。

2. 欧洲联盟竞争法

《欧洲联盟竞争法》起源于罗马条约。为了建立确保欧盟市场竞争不被扭曲的体系，鼓励货物、人员、服务和资本等所有经济资源的自由流动，不受国界的阻碍，建立一个单一和统一的市场，维持一个合理的市场结构，提高经济效率，罗马条约做了一系列的规定。在这些规定中，第 81 条明确禁止了竞争的限制，第 82 条禁止了对市场支配地位的滥用，而第 87～89 条则明确禁止了国家的补贴。在罗马条约实施后，尽管欧盟逐步建立了一套完整的竞争法律框架，但并没有明确的文件对企业的合并和控制加以规定。所以，欧盟理事会在 1989 年出台了《企业合并控制条例》，该条例主要针对在欧盟内可能产生影响的企业合并进行管理。自 1999 年起，一系列关于竞争法的改革建议被提交给欧洲议会和其成员国进行审议。2002 年，卡特尔宽大处理制度被纳入欧盟的竞争法中。之后发布了《关于实施欧共体条约第 81、82 条的第 1/2003 号决议》和《关于企业合并控制的第 139/2004 号决议》，修改了竞争法中存在的禁止限制竞争协议、禁止滥用市场支配地位、企业合并控制决议。欧盟的新竞争法进一步实现对成员国企业合并的灵活与科学管理。

欧盟竞争法律制度的主要内容包括：禁止限制竞争协议，禁止滥用市场支配地位，企业合并反垄断审查制度，违反竞争法的法律责任与救济，关于国家补贴的规则等。关于技术许可合同的相关规定：许可协议不得含有限制竞争的“无异议条款”，许可贸易均须经主管部门审查，专有技术可以在一定地域和期限内实行独占许可，对受方使用供方组件生产产品的许可予以限制；等等。

（二）欧盟知识产权法律保护制度

多年以来，欧盟一直努力协调、统一和建立内部的跨国知识产权保护法律制度，并使之与国际知识产权保护公约相一致。在涉及专利和商标的法律制度中，最难以调和的矛盾是专利技术的无界性与专利保护的地域性之间的问题。1883 年的《巴黎公约》就是为了协调不同国家的专利制度而制定的。在全球范围内，专利制度一体化表现最为突出的一个地区就是欧洲，在欧洲的专利一体化过程中，最为关键的无疑是《欧洲专利公约》以及“共同体专利”机制，以下是对此的简短概述。

1. 欧洲专利公约

《欧洲专利公约》又称《慕尼黑公约》，签订于 1973 年 10 月 5 日。1977 年，欧洲专利公约正式生效，并根据公约成立了“欧洲专利局”，负责授予欧洲专利工作。此后，公约分别在 1978 年 12 月 21 日、1994 年 12 月 13 日、1995 年 10 月 20 日和 2000 年 11 月 29 日进行过修改，其中主要涵盖了一般与组织结构的各项规定、专利实体法、对国家法的影响等内容。该公约成立了一个欧洲专利组织，主要包括欧洲专利局和行政委员会。其中，欧洲专利是由欧洲专利局统一处理的，进行审批和授权时的依据也是统一的实体法，且相关法条的生效范围包括所有成员国。

2. 欧洲共同体专利公约

《欧洲共同体专利公约》又称《共同体专利公约》。为了进一步减轻地域性专利保护给欧洲共同体内部的自由竞争带来的负面影响，并深入统一各成员国的专利制度，1975 年 12 月 15 日，欧共体成员国共同签署了《欧洲共同体专利公约》。根据该公约授予的专利权不再转化为某一个国家的专利权，而作为欧共体的专利权，在欧共体所有成员国均受到保护。专利权的授予、转让、撤销，在实施该公约的所有领域中生效。《欧洲共同体专利公约》规定：“共同体专利”不要求成员国国内实体法或程序法与之完全一致，各国仍存在着单独的专利；欧洲法院有权对缔约国法院审理的专利诉讼案件进行预审裁决。公约在共同体成员国范围内超越了各国专利权的地域，在一定意义上具有国际性，对欧共体国家的专利保护起到了积极作用。目前，仍有部分成员国没有批准参加，所以公约尚未正式生效。

3. 欧洲共同体商标法

1993 年 12 月，欧共体颁布了《欧洲共同体商标法》，1996 年 4 月 1 日开始实施。欧共体协调局负责受理欧共体商标注册申请，办理注册和授予商标注册证书。欧共体成员国、《巴黎公约》成员国、《与贸易有关的知识产权协议》成员方以及在任何欧共体国家有住所或真实有效的经营场所的非欧共体的国民都有资格提出申请。《欧洲共同体商标法》是实体法，按其规定注册的商标为共同体商标，在各成员国均有效。《欧洲共同体商标法》保护商品商标、服务商标、集体商标、个体商标（包括公司）和证明商标。可作为商标标记的有文字、图形及其结合、立体形状，可以注册的商标必须具备可识别性。商标保护期限为10年，可以续展。

值得注意的是，欧共体在实行跨国商标法律制度的同时，也保留着各成员国国内的商标法律制度，还建立了一个协调这两套商标法律制度的操作机制。该制度的核心思想主要集中在以下三点：一是优先注册权制度，这意味着在一个成员国的有效商标或共同体商标上，权利人有权优先在同一种商品或服务上注册共同体商标，也可以优先注册其他成员国的国内商标；二是改变申请制度，也就是说，当共同体商标的申请者或所有者的申请不成功或其商标不再有效时，他们有权要求将申请或将商标转为国内的申请或商标；三是共同体商标具有较为独特的诉讼管辖与法律适用制度。

（三）欧盟技术出口管制政策

欧盟成员国经济和科技发展水平较高，拥有大量世界先进技术，在国际技术贸易中占有非常重要的地位，是技术的主要出口方和进口方。欧盟对技术进出口贸易的管理主要体现在对技术出口的管制政策上。长期以来，欧盟主要成员国一直是西方多边技术出口控制机制的创始者或积极参与国。巴统正式解散后，包括巴统17国在内的33个主要西方国家于1995年9月在荷兰瓦森纳召开会议，并于1996年7月在奥地利的维也纳签署了《瓦森纳协定》，决定实施新的控制清单，中国同样在被禁国家名单之列。到目前为止，在欧盟27个成员国中已有21个成员国签署了《瓦森纳协定》。与巴统一样，《瓦森纳协定》同样包含两份控制清单：一份是军民两用商品和技术清单，涵盖了先进材料、材料处理、电子、计算机、电信、信息安全、传感与激光、导航与航空电子仪器、船舶与海事设备、推进系统等；还有一份军品清单，其中包括了不同的武器、弹药、装备以及战斗平台等，共分为22类。欧盟实施《瓦森纳协定》的具体措施主要是通过欧盟理事会颁布的“1334号法令”反映的。这项法令详尽地列出了军用和民用的技术和武器清单，其核心内容与《瓦森纳协定》中的清单相差无几。这一法令在后续的多次修改中，已经转变为欧盟针对中国进行高科技出口控制的核心指导文件。

除了欧盟统一的出口管理措施外，欧盟各国也根据本国的情况，制定了各自的出口管理制度。例如，德国早在1961年就制定了《对外经济法》和《对外经济条例》，同样包括了详尽的各级别“出口清单”，有的实行完全禁运，有的限制出口，有的则实施申报审批制度。这些制度对西方国家企业的海外投资起到了实质性的限制作用。如2005年超微半导体公司（AMD）计划将部分芯片生产转移到新加坡，但因德国政府认为该技术不仅能够应用于民用，还会涉及军事用途，德国情报局甚至担心中国有可能使用AMD的处理器技术以增强自身军事力量，因此，各方政治势力对该项目横加阻拦，最后迫使AMD不得不放弃了既定的投资计划。

（四）德国技术转移的相关政策

德国是欧盟的核心成员国之一，其技术转移的法律政策很有代表性。德国技术转移历史悠久，技术市场高度发达。每年一次的汉诺威工业博览会不仅是德国最庞大的技术市场，同时也是技术转移的主要集散地。最近几年，德国为了推动经济增长和提高其市场竞争力，高度重视技术转移，采取了一系列政策措施，主要有如下几点：

1. 鼓励技术出口的措施

（1）构建一个全面的信息服务体系

德国政府已经为各企业构建了一个全国性的信息咨询网络，该网络提供了多种信息咨询服务。此外，德国政府也通过各种海外机构、联邦外贸情报中心、专业协会等机构，帮助企业获取海外市场的信息。

（2）提供融资援助

在这个问题上，德国政府主要采取了两种策略：一是为企业提供多种形式的出口信贷担保；二是对企业的出口进行融资方面的支持，通过提供补助或贷款优惠等方式，来助力高新技术企业的出口业务。德国的技术出口融资方式包括卖方信贷、债权贴现、出口租赁融资等。

（3）鼓励企业参加国际展览

为促进本国企业产品和技术出口，德国政府积极鼓励企业，特别是高新技术企业赴海外参加国际展览，并提供参展补贴。

（4）借助海外的投资来促进出口业务的发展

为了刺激技术出口，德国政府采取了多种策略来鼓励企业赴海外进行投资，这包括为企业提供投资担保以避免企业承受海外的政治风险，并为在发展中国家设立分支的技术企业提供贷款优惠。对于德国来说，现阶段最为关键的推动高新技术产品出口的途径就是追加面向国外的投资。

另外，德国为了维护其在全球市场的出口优势和产品竞争力，高度重视技术创新、技术研发、技术升级，并持续增加对于研发的资金投入。所以说，在全球经济合作与发展组织的研发投资记录中，德国企业所占的比例名列前茅。德国曾经设定了一个创新性的战略目标，即要崭露头角，成为纳米科技产品的最大出口者，以及创新产品和技术的主要出口国。

2. 对技术出口的管制

德国为了有效维护其市场竞争力，以自身政治、军事、经济的利益需求为出发点，通过各种法律和行政手段，对其国内的高新技术出口进行了严格的管理。德国的技术转移由联邦经济部进行统一管理，由联邦经济与出口控制局具体负责审批和监督。

1961 年 9 月 1 日，德国同时颁布了《对外经济法》和《对外经济条例》，对德国技术出口管理做出了明确的规定，主要体现在所谓“技术出口清单”上。该法律还规定了联邦政府有对军事用品、专利技术等出口的管制权力。

德国作为欧盟成员国，还遵守欧盟的相关法律和规定。德国也加入了许多禁止某些货物或技术出口的国际公约。根据这些公约，德国制定了一些相关的国内法律，主要有《战争武器控制法》和《化学武器公约执行条例》等。德国技术出口管制的审批方法包括：个案审批或最高限额审批、集合审批、通用审批。

（1）德国技术出口管制的原因

①地缘政治因素。近年来，中美关系紧张，双方在科技领域的竞争日益加剧。美国政府针对中国高科技企业实施了一系列制裁措施，如限制华为参与美国市场和禁止向中国出口芯片等。在此背景下，德国等西方国家也开始重新审视对华技术出口政策，以确保其国家技术和经济安全。

②考量经济利益。德国企业在全球市场上具有较高的竞争力，而中国作为全球最大的新兴市场，对德国技术出口具有巨大吸引力。然而，随着中国科技实力的不断崛起，德国政府担忧其技术优势逐渐减弱，因此考虑采取出口管制措施，以保护本国企业和技术的领先地位。

③担忧国家安全。德国政府担忧，向中国出口高科技产品可能对国家安全构成潜在威胁。特别是在网络安全、人工智能、半导体等领域，这些技术可能被用于军事目的或对德国及其盟友的国家安全产生不利影响。因此，实施技术出口管制有助于降低潜在的安全风险。

（2）德国技术出口管制的措施

①制定出口管制清单。德国政府计划制定一份技术出口管制清单，列出禁止或限制出口的特定技术产品。这些产品可能涉及半导体、人工智能、量子技术、生物技术和高超声速飞行器等关键领域。

②审查关键基础设施项目。德国政府将加强对关键基础设施项目的审查，如限制向中国出口可用于 5G 网络建设的设备。此外，德国政府排除了从现有网络

中完全剔除华为产品的可能性，但仍将对华为参与德国5G网络建设进行严格审查。

③加强国际合作。德国政府呼吁加强国际合作，推动建立统一的出口管制体系。德国与其他西方国家在技术出口管制方面立场相近，希望通过加强国际合作，共同应对中国科技竞争挑战。

（3）德国技术出口管制的影响

①影响中德经贸关系。德国是中国在欧洲最重要的贸易伙伴之一，中德之间的经贸往来对于双方具有重要意义。然而，技术出口管制措施可能会对双边贸易产生一定影响。尽管德国在芯片制造等领域并非全球领先，但其在化工、汽车制造等产业具有较强竞争力。限制技术出口可能使得中国企业在全球供应链中的地位受到一定程度的影响。

②影响中国科技产业发展。德国限制向中国出口高科技产品，将使得中国在开发先进技术方面面临挑战。特别是在半导体、人工智能等关键领域，中国仍需借鉴外国技术。技术出口管制措施将加大中国科技产业追赶国际先进水平的难度。

③推动中国自主研发和创新。面对技术出口管制，中国企业将更加注重自主研发和创新，以减少对外国技术的依赖。在政府政策的支持下，国内企业在半导体、人工智能等领域的创新能力有望得到提升，从而在全球科技竞争中站稳脚跟。

④国际合作与竞争加剧。德国的技术出口管制措施将导致全球科技领域的国际合作与竞争加剧。一方面，各国在技术出口管制方面的立场可能更加趋同，形成一定的国际联盟；另一方面，企业之间为争夺技术和市场，国际竞争将更加激烈。

第五节　完善高校技术转移绩效的政策

一、加强技术转移法律政策的权威性与协同运行

从我国技术转移政策的历史演变来看，法律和政策的支持以及政府的积极作用都是推动技术转移的核心要素。为推动创新驱动发展战略和加速构建创新型国家，技术转移法律政策的诸多问题需要得到解决，因此，有必要加强技术转移法律政策的权威性、连贯性和协同作用。

经济合作与发展组织成员国的诸多经验告诉我们，基于某一部门制定的公共政策项目在执行时，要想真正实现该政策的既定目标，就需要得到其他部门的全

力支持，并与其展开深入的合作。作为一项公共政策，技术转移政策对经济社会的影响广泛且深远。

首先，我们应当尽快制定专门针对推动高校技术转移的法律法规，并坚持优化相关政策，积极促进技术转移的顺利开展。政府需要遵循严格的技术评价准则对技术转移中的各项技术进行评判，以确定其是否具有创新潜力和商业价值。促进全国各高校在技术转移方面的信息和经验的交流与分享，周期性地发布各类信息，以推动科技成果的实际应用和普及。鼓励非政府组织，尤其是风险投资公司对技术转移进行投资，以促进技术知识的快速市场化与产业化。政府也需要承受比风险投资者更高的风险，增加种子基金和启动基金的投资，确保有足够多的项目可以用于风向投资的培养与提供当中。

其次，在逐渐增加对高校研发的资金支持之时，政府也需要加强对高校技术转移项目的资金投入。我国的高校被视为创新的诞生地，它为企业提供了关键的技术支持，并成为我国技术转移的关键。然而，现阶段我国能够更好地实现高校技术转移的环境还未完全建立，我们并不可以如美国大学技术许可办公室一般，在不进行大量资金投入的情况下，实现自身的良性循环。考虑到我国的基本国情，现阶段我们仍需强化政府的引导作用，并增加对高校技术转移项目的资金支持。

二、以放权为导向，激发技术转移的活力

首先，我们需要对政府的职能进行调整，并始终遵循放权与市场决定导向的原则。现阶段，我国将财政性的科技成果视为国有资产进行管理，并进行繁复的审批，尽管可以在一定程度上防止技术流失，但是也在很大程度上限制了对时效性要求极高的技术转移，受到了广泛的批评。我们必须摒弃和废除那些过度控制和过度防范的思维方式和行为。

其次，我们必须确保科技成果的所有权、经营权、处置权和收益权得到真正的下放。要想确保技术转移的顺利进行，就需要重点关注技术创新人员，保障其核心地位和权利。现如今，我国的诸多财政性科技成果的知识产权已经被下放至承担单位，在之后的发展中，应当有意识地进一步下放给科研工作者，还需要激励其快速进行转化。政府应该将发明成果的处置权完全下放给发明者，以便更好分配技术转移的收益，同时政府也需要尽力减少限制。尽管现在存在部分地方性的法规在科技成果的处置权上进行了放权，并取得了显著的成果，但这些地方性的规定并不能够左右中央级科研院所和高校。但是，地方层面的成功经验也表明，

放权的合理性、必要性，而且也加速了国家的放权进程。

三、高位推动，完善技术转移服务与考核体系

在我国的公共政策制定与执行中，一个最为显著的特点就是“高位推动”。国家创新体系建设的三大核心之一就是技术转移，且这一政策无论是制定还是最终落实，都需要“高位推动”参与其中，这一点极为重要。

第一，要将推动高校技术转移作为重要战略性工作加以推进。科研和经济联系不紧密问题，是多年来的一大痼疾。促进高校技术转移，亟待各方更加重视。要打通高校技术转移的“最后一公里”，拆除阻碍产业化的“篱笆墙”，疏通高校应用基础研究和产业化连接的快车道，加快高校科研成果从样品到产品再到商品的转化。政府要通过改革创新促进创新链、产业链和市场需求的精准对接，加速从“0”到“1”的技术突破，加快实现从“1”到“N”的产业化应用。政府要加强对高校技术转移的针对性支持，地方政府对以技术转移为主要功能的大学科技园、地方研究院的支持要加大力度并遵循科技创新发展和技术转移规律，政府的各类支持不能仅仅看经济受益回报，而应更加注重是否可以更好地激发未来潜力，要有前人栽树、后人乘凉的视野与胸襟，而这也恰恰是政府最擅长的。

第二，需要在中央级和条件允许的地方科研机构及高校当中建立技术转移中心，确保有足够的人员和资金支持，并根据市场和科技的规律来组织技术转移活动。县级及以上的政府需要仔细探查产业和地区的发展需求，据此创建公共科技服务平台和科技中介服务机构，以提供公益性的服务。加速技术转移经纪机构（人）的培养，有效促进技术转移中介机构的成长，并大幅度提升技术转移服务行业的水平。

第三，我们需要构建一个规范且有序的全国技术市场，以及技术供需数据库，并建立一个具有中国特色的国际可比技术转移评价指标体系。我们可以参考美国大学的技术经理人协会制度，创建中国高校技术转移办公室联盟，以便更好地负责组织、规划、信息与共享等多方面的工作。此外，考虑到中国的独特性，该联盟在一段时间内应该继续保持其行政职能，以确保有足够的能力来调配、整合和使用行政资源，之后可以逐渐转型为一个协会性质的非营利机构。

第四，技术转移应被纳入高校、科研机构和地方政府的考核评估体系中，并应积极主动地公开技术转移的相关信息，其中不包括涉密信息。进一步强化关于国际专利的布局力度，以提升本国专利在国际市场上的竞争力。全球共同努力，推动科技的创新发展，从而更好地建设人类命运共同体。

四、完善高校技术转移的机制

为了更好地解决利益冲突，我们应该重视完善专利管理制度体系，并进一步明晰职务发明与非职务发明的定义问题。为了确保专利技术的顺利转移，我们需要充分且深入地整合专利管理部门与产业化工作部门的资源，明确各方的职责和权利。我们也需要彻底明晰职务与非职务科技成果的产权划分，以防止公有的科技成果被私有化，也要防止职务发明被作为非职务发明进行个人专利的申请，还要防止相关成果被转让或用于创办公司，从而导致高校科技成果的无故损失。为了有效完善收入分配机制，我们应该以激发发明者和专利权人的工作热情为核心，努力在各方利益之间找到平衡，以形成多方共赢的局面。在现阶段，我们需要特别强化对个体的奖励。如在股权激励政策中，相关部门应当重点关注并解决是否对股权进行征税这一问题，因为这一问题不解决会对科研工作者进行技术转移的热情产生严重的负面影响。

参考文献

[1] 崔忠武，于正河．知识产权管理实务[M]. 北京：中国政法大学出版社，2022.

[2] 冯晓青．知识产权保护论[M]. 北京：中国政法大学出版社，2022.

[3] 陈健．技术创新与体制创新[M]. 南京：东南大学出版社，2021.

[4] 魏玮．知识产权价值评估研究[M]. 厦门：厦门大学出版社，2015.

[5] 王素娟．新时代知识产权理论与实践问题的法律分析[M]. 北京：中国政法大学出版社，2021.

[6] 周琼琼，华青松．科技资源配置对技术创新能力的影响研究[M]. 成都：西南交通大学出版社，2017.

[7] 韩秀成，曾燕妮，王淇，等．知识产权：理念、制度与国家战略[M]. 杭州：浙江大学出版社，2021.

[8] 彭峰，周银珍，周淑贞．环境视角下技术转移对高技术产业效率的影响[M]. 武汉：武汉大学出版社，2018.

[9] 万志前．面向生态文明的中国知识产权制度发展路径研究[M]. 武汉：武汉大学出版社，2017.

[10] 昌智伟，秦明委．知识产权法基础[M]. 昆明：云南大学出版社：2014.

[11] 李晓涵．国际合作中的知识产权保护对生物育种技术转移的挑战与解决方案[J]. 分子植物育种，2024，22（3）：1026−1031.

[12] 余晓岚．知识产权保护法对生物育种创新的激励作用分析[J]. 分子植物育种，2024，22（1）：161−166.

[13] 刘贞先，苏伟，刘帅，等．山东省技术转移体系建设研究[J]. 价值工程，2023，42（35）：20−22.

[14] 李娟，潘国轩，赵金梅．技术转移分层靶向机制构建研究[J]. 科技进步与对策，2024，41（7）：31−39.

[15] 蒋良骏，孙道勇，袁亮，等．高职院校技术成果复合化转移模式构建 [J]. 合作经济与科技，2023（20）：39−41.
[16] 许为强．高校技术转移可持续发展探究 [J]. 合作经济与科技，2023（17）：138−139.
[17] 刘瑛，李志如．数字化技术转移为文化创新赋能 [J]. 文化产业，2023（20）：31−33.
[18] 姜娟，张群．创新生态系统视角下国外高校专利技术转移转化实践启示 [J]. 情报探索，2023（3）：78−85.
[19] 王勇，邓启明．两岸技术转移协同创新机制研究 [J]. 台湾研究，2022（6）：64−76.
[20] 吴亚平．创新创业背景下高职院校知识产权管理体系研究 [J]. 科技创新与生产力，2022（11）：74−77.
[21] 高月．技术转移中的专利制度问题：中美比较研究 [D]. 济南：山东大学，2020.
[22] 孟申思．高校技术转移本地实践破解转移障碍的作用机制研究 [D]. 杭州：浙江大学，2021.
[23] 单丽曼．中国技术转移效率研究 [D]. 北京：北京交通大学，2019.
[24] 易星．低碳技术国际转移的知识产权障碍分析及解决 [D]. 长沙：湖南师范大学，2017.
[25] 陈娟．高校技术转移系统的职能研究 [D]. 南京：东南大学，2016.
[26] 王敏．低碳技术转移与知识产权保护冲突研究 [D]. 广州市：华南理工大学，2015.
[27] 纪雪．技术转移中的知识产权法律问题研究 [D]. 青岛：中国海洋大学，2015.
[28] 王会良．大学技术转移研究 [D]. 天津：天津大学，2008.
[29] 杨琼．我国高校技术转移制度研究 [D]. 武汉：华中科技大学，2007.
[30] 王昆．经济全球化条件下国际技术转移机制研究 [D]. 泉州：华侨大学，2005.